GESCHÄFTS KOMMUNIKATION

Schreiben
und
Telefonieren

Axel Hering
Magdalena Matussek

unter Mitarbeit von
Felicitas Sieger

Kursbuch
Deutsch als Fremdsprache

Max Hueber Verlag

Dieses Werk folgt der Rechtschreibreform vom 1. Juli 1996.
Ausnahmen bilden Texte, bei denen künstlerische, philologische oder lizenzrechtliche Gründe einer Änderung entgegenstehen.

Das Werk und seine Teile sind urheberrechtlich geschützt.
Jede Verwendung in anderen als den gesetzlich zugelassenen Fällen bedarf deshalb der vorherigen schriftlichen Einwilligung des Verlages.

3. 2. 1. | Die letzten Ziffern
2000 1999 98 97 96 | bezeichnen Zahl und Jahr des Druckes.
Alle Drucke dieser Auflage können, da unverändert, nebeneinander benutzt werden.
1. Auflage
© 1996 Max Hueber Verlag, D-85737 Ismaning
Verlagsredaktion: Peter Süß
Layout: Markus Dockhorn
Umschlagzeichnung: ofczarek!
Zeichnungen: Paul Netzer, Berlin
Satz: Design-Typo-Print GmbH, Ismaning
Druck: Ludwig Auer GmbH, Donauwörth
Printed in Germany
ISBN 3-19-001587-2

Vorwort

Dieses Buch richtet sich an fortgeschrittene Lernende, die die deutsche Sprache im beruflichen Alltag benötigen. Durch praxisnahe Beispiele aus dem Wirtschaftsbereich mit den Schwerpunkten Import und Export werden typische Kommunikationsmuster vermittelt, die zum Standard sprachlichen Verhaltens im modernen Geschäftsleben gehören.

Grundlage guter Kundenbeziehungen ist nach wie vor eine gelungene Korrespondenz, deren wichtigste Formen in diesem Buch ausführlich dargestellt werden. Der Ansatz dabei ist in mehrfacher Hinsicht neu: Einerseits bieten vorgegebene Brief- und Faxbeispiele eine optimale Hilfe, andererseits werden die aktiven Kenntnisse des Lernenden durch themabezogene Formulierungs- und Grammatikübungen aktiviert, erweitert und vertieft. Der Selbstlerner kann seine Lösungsvorschläge anhand des Schlüssels am Ende des Buches überprüfen, im Unterricht unterstützt der Kursleiter den Lernerfolg.

Neben der schriftlichen Kommunikation wird das Telefonieren am Arbeitsplatz in die Thematik jedes Kapitels einbezogen. Dialoge am Telefon (als Zusatzmaterial unter der Bestellnummer 3–19–011587–7 erhältlich) machen den Unterschied zum schriftlichen Ausdruck deutlich. Das Hörverständnis wird trainiert und durch Übungen erschlossen.

Die 15 Kapitel sind als thematische Einheiten aufeinander abgestimmt, müssen aber nicht in der vorgegebenen Reihenfolge durchgearbeitet werden. Je nach Schwerpunkt können sich die Lernenden ihr individuelles Trainingsprogramm zusammenstellen.

Inhaltsverzeichnis

Anhang

1 Firmennachweis

Haben Sie ein Produkt, das Sie im Ausland verkaufen wollen? Oder möchten Sie für Ihre Firma selbst ein ausländisches Produkt kaufen? Suchen Sie im Ausland vielleicht einen Lizenzgeber oder Lizenznehmer, einen Kooperationspartner oder einen Vertreter? Dann brauchen Sie Adressen, Adressen und nochmals Adressen. Auf Deutsch nennt man das *Firmennachweis*. Das ist eine Liste mit Namen und Adressen möglicher Geschäftspartner.

Hier nun einige Tips, an wen Sie sich wenden können.

In Ihrem Land:
- Ihre Bank
- Ihre Handelskammer
- eine ausländische Handelsvertretung
- eine Botschaft

Im Ausland:
- die Botschaft Ihres Landes
- eine Wirtschaftsvertretung Ihres Landes
- lokale Organisationen (z. B. eine Industrie- und Handelskammer)

Dieses Kapitel zeigt Ihnen, wie Sie sich dabei sprachlich richtig verhalten.

Gasturbinen
Mannheim GmbH

Gasturbiner Mannheim GmbH · Postfach 10 43 · D-71029 Böblingen

Deutsch-Italienische Handelskammer
Pettenkoferstr. 35

80336 München

Hauserstraße 10
D-71032 Böblingen

Postfach 10 43
D-71029 Böblingen

Telefon (0 70 31) 23 41-0
Telefax (0 70 31) 23 41-265

2.3.19..

Firmennachweis

Sehr geehrte Damen und Herren,

wir sind Hersteller von Gasturbinen und möchten gern mit italienischen Firmen in Verbindung treten, die solche Aggregate benötigen.

Damit Sie einen Überblick über unser Produktionsprogramm gewinnen können, legen wir einige Prospekte bei. Wir sind seit über 30 Jahren auf Gasturbinen spezialisiert und verfügen deshalb über große Erfahrung auf diesem Gebiet.

Bitte nennen Sie uns Unternehmen in Italien, die sich eventuell für unsere Erzeugnisse interessieren. Wir werden uns dann direkt an diese Firmen wenden.

Vielen Dank für Ihre Bemühungen.

Mit freundlichen Grüßen

Gasturbinenfabrik Mannheim GmbH

K. Schneider

i. A. Kurt Schneider

Bankhaus Dreyer & Co, Böblingen
BLZ 504 303 00
Konto 3670 058 963

Amtsgericht Böblingen HRB 50303

Geschäftsführer: Hans Meiser

UST(VAT)-ID-Nr. DE 129 030 446

Anlagen: Prospekte

Bärenbräu AG

Fax

Bärenbräu AG
Gelbe Gasse 15
A-4020 Linz
Telefon 07 32 - 69 86 32
Telefax 07 32 - 69 86 54

An: Industrie- und Handelskammer
für München und Oberbayern

Seite(n): 1

Fax-Nr.: 00 49/89/5 11 63 69

3. 3. 19..

Sehr geehrte Damen und Herren,

unsere Brauerei sucht Lieferanten von Bierflaschenetiketten. Bitte nennen Sie uns einige Firmen, die solche Etiketten produzieren.

Wir danken Ihnen für Ihre Bemühungen.

Mit freundlichen Grüßen

Bärenbräu AG

Albert Haushofer

Formulierungstraining

Übung 1 Wenn Sie einen Geschäftsbrief schreiben, können Sie Ihr Anliegen in verschiedenen Varianten formulieren. Sie drücken also dieselbe Sache auf etwas andere Art und Weise aus.
Suchen Sie die Sätze heraus, die eine ähnliche Bedeutung haben.

1 Unser Unternehmen ist im Bereich des Mobilfunks tätig.
2 Wir sind sehr erfahren in diesem Bereich.
3 Wir sind Produzenten von Spezialfolien.
4 Wir suchen Kontakt zu Firmen, die sich für unsere Produkte interessieren.
5 Wir stellen Farbstoffe her.
6 Wir möchten mit Firmen in Verbindung treten, die Bedarf an unseren Erzeugnissen haben.
7 Wir produzieren Etiketten in verschiedenen Formen und Größen.
8 Bitte teilen Sie uns die Namen und Adressen entsprechender Firmen mit.
9 Um Ihnen einen Überblick über unser Produktionsprogramm zu geben, ...
10 Wir fertigen maßgeschneiderte Anzüge.
11 Vielen Dank für Ihre Bemühungen.

a Bitte nennen Sie uns Namen und Adressen möglicher Ansprechpartner.
b Wir sind Hersteller von Farbstoffen.
c Unsere Erzeugnisse sind Etiketten aller Art.
d Damit Sie einen Überblick über unser Programm gewinnen können, ...
e Wir bedanken uns für Ihre Bemühungen.
f Unsere Firma produziert Maßanzüge.
g Wir sind auf die Fabrikation von Mobiltelefonen spezialisiert.
h Unsere Firma ist auf die Fertigung von Klebefolien spezialisiert.
i Wir suchen die Zusammenarbeit mit Firmen, die Interesse an unseren Produkten haben.
j Wir verfügen über große Erfahrungen auf diesem Gebiet.
k Wir suchen die Kooperation mit Partnern, die unsere Produkte benötigen.

1										
g										

Übung 2 Setzen Sie die fehlenden Wörter ein.

freundlichen
verfügen
geehrte
zu geben
mitzuteilen
Hersteller
Produkte
tätig
legen … bei
Partner
Produktions-programm
spezialisiert

Sehr ________________ Damen und Herren,

als expandierender ________________ von Kopieranlagen suchen wir einen ________________ , der als Importeur unsere ________________ künftig auch in Ihrem Land vertreiben könnte.

Um Ihnen einen Überblick über unser ________________ ________________ , ________________ wir Ihnen einige Prospekte ___. Wir sind seit mehr als 20 Jahren auf die Herstellung solcher Maschinen ________________ und ________________ deshalb über große Erfahrungen in diesem Bereich.

Wir bitten Sie, uns Namen und Adressen einiger Firmen ________________ , die auf diesem Gebiet ________________ sind.

Mit ________________ Grüßen

Übung 3 Rekonstruieren Sie den Brief.
Eine Firma aus Taiwan sucht Geschäftspartner in Bayern.

Sehr geehrte Damen und Herren,
von Autoersatzteilen ● mit leistungsfähigen Firmen, ● und suchen die Zusammenarbeit ● wir sind der größte taiwanesische Importeur ● die sich für den Vertrieb ihrer Produkte in unserem Land interessieren. ● legen wir Ihnen Prospekte bei. ● Damit Sie einen Überblick über unser Angebot bekommen, ● Mit freundlichen Grüßen ● mit den Namen und Adressen der führenden bayerischen Firmen dieser Branche zu. ● Bitte senden Sie uns ein Verzeichnis

Grammatik

Finalsätze: damit – um ... zu + Infinitiv

Die Gasturbinenfabrik Mannheim will ihrem Briefpartner einen Überblick über ihr Produktionsprogramm geben. Um dieses Ziel zu erreichen, legt die Firma dem Schreiben einige Prospekte bei.

Wenn man das sprachlich ausdrücken will, gebraucht man einen Finalsatz:
Damit Sie einen Überblick über unser Produktionsprogramm gewinnen können, legen *wir* einige Prospekte bei.

Subjekt im Nebensatz:	*Sie*	verschiedene Subjekte → *damit*
Subjekt im Hauptsatz:	*wir*	

Der Finalsatz ist ein Nebensatz; das Verb steht am Ende.

Betrachten wir eine andere Situation: Eine deutsche Firma sucht Kontakt zu dänischen Unternehmen, weil sie den Wunsch hat, ihre Produkte auf dem dänischen Markt zu verkaufen.
Wir suchen Kontakt zu dänischen Unternehmen, damit *wir* unsere Produkte auf dem dänischen Markt vertreiben können.

Die Subjekte in Haupt- und Nebensatz sind gleich. Die doppelte Nennung desselben Subjekts ist zwar grammatisch richtig, aber ungebräuchlich. In diesem Fall ist es besser, das Subjekt nur einmal zu nennen und den Nebensatz mit *um ... zu* + Infinitiv zu konstruieren:
Wir suchen Kontakt zu dänischen Unternehmen, *um* unsere Produkte auf dem dänischen Markt vertreiben *zu* können.

Subjekt im Hauptsatz:	*wir*	gleiches Subjekt → *um ... zu* + Infinitiv
Subjekt im Nebensatz:	[*wir*]	

Beachten Sie die Position von *zu* bei
- trennbaren Verben: um ... an*zu*fangen
- können, müssen, dürfen (Modalverben): um ... geben *zu* können

Da die Konjunktionen *damit/um ... zu* das Ziel, den Wunsch oder die Absicht schon ausdrücken, sind in einem solchen Satz die Modalverben *wollen/möcht-* und *sollen* nicht möglich.

Übung 4 Verbinden Sie die Sätze mit *um ... zu*. Wenn das nicht möglich ist, verwenden Sie *damit.* Achten Sie dabei auf die Modalverben.

1 Die Firma sucht einen neuen Markt. Sie will ihren Absatz erhöhen.

2 Das Unternehmen modernisiert die Maschinen. Es will schneller und billiger produzieren können.

3 Wir brauchen zuverlässige Lieferanten. Unsere Produkte sollen rechtzeitig auf den Markt kommen.

4 Die Qualität ist uns sehr wichtig. Unsere Kunden sollen zufrieden sein.

5 Wir wenden uns an Sie. Wir wollen Informationen über die aktuelle Marktlage bekommen.

6 Besonders mit dänischen Firmen würden wir gern Kontakt aufnehmen. Wir möchten uns über unsere Chancen auf diesem Markt informieren.

7 Unser Unternehmen sucht die Kooperation mit einem zuverlässigen Partner. Wir wollen in ganz Dänemark vertreten sein.

8 Zwei unserer Manager kommen nach Kopenhagen. Sie sollen dort in einem Intensivkurs Dänisch lernen.

9 Die Firma leistet sich diese Kosten. Die Geschäftspartner sollen die Anliegen der Firma verstehen können.

Verben mit Präpositionen

Beim Lesen der Texte ist Ihnen sicher aufgefallen, dass häufig Verben mit bestimmten Präpositionen vorkommen. Zum Beispiel:
Wir *verfügen über* große Erfahrung auf diesem Gebiet.

Hier wird das Verb *verfügen* durch die Präposition *über* mit dem weiteren Text verbunden. Die Präposition verlangt ihrerseits einen bestimmten Kasus für das folgende Nomen; im Beispiel ist es der Akkusativ *große Erfahrung*.

verfügen über + Akkusativ

Übung 5 Suchen Sie im folgenden Text die Verben mit ihrer jeweiligen Präposition. Notieren Sie diese Verben mit Präposition und ergänzen Sie dabei den Kasus (Akk./Dat.).

Die dänische Firma H. C. Andersen interessiert sich für Intensiv-Sprachkurse in München, da sie mit dem Vertrieb ihrer Produkte in Deutschland und Österreich beginnen will. Einige Manager sollen an Sprachkursen teilnehmen, damit sie sich mit den Kunden verständigen können.
Die Firma erkundigt sich bei der Handelskammer nach den Adressen von Sprachenschulen. Die Firma H. C. Andersen bittet die Schulen um weitere Informationen, speziell bezüglich Kurstypen, Terminen und Kursdauer. Es hängt natürlich auch vom Preis ab, welche Kurse gebucht werden.
Einige Mitarbeiter verfügen schon über Deutschkenntnisse. Sie bereiten sich auf den Kurs für Fortgeschrittene vor – und keiner von ihnen zweifelt am Erfolg des Kurses. Sie freuen sich schon auf ihren Aufenthalt in München, da sie sich vor Ort ganz auf die Fremdsprache konzentrieren können.
In München gewöhnen sie sich schnell an die neue Umgebung. Sie denken nur manchmal an ihre Firma, denn hauptsächlich beschäftigen sie sich mit der deutschen Grammatik. Sie sprechen mit ihren Kollegen den ganzen Tag Deutsch und freuen sich über die Fortschritte, die sie jeden Tag machen.

______________________ ______________________
______________________ ______________________
______________________ ______________________
______________________ ______________________
______________________ ______________________
______________________ ______________________
______________________ ______________________
______________________ ______________________
____

Bitte achten Sie auf folgende Unterschiede:

sich freuen auf + Akk.	*Ich freue mich auf das Wochenende.*
sich freuen über + Akk.	*Ich freue mich über deinen Brief.*
sich interessieren für + Akk.	*Wir interessieren uns für Ihr Angebot.*
interessiert sein an + Dat.	*Wir sind an Ihrem Angebot interessiert.*
Interesse haben an + Dat.	*Wir haben Interesse an Ihrem Angebot.*

Übung 6 Ergänzen Sie die Präpositionen.

Herr Petersen nimmt ebenfalls ______ dem Deutschkurs in München teil. Er beschäftigt sich schon länger ______ der deutschen Sprache; auch ______ der Stadt München hat er großes Interesse. Er freut sich schon sehr ______ das nächste Wochenende, denn er interessiert sich besonders ______ die Sehenswürdigkeiten. Er will entweder den Englischen Garten oder das Deutsche Museum besuchen – das hängt ______ Wetter ab.

Da am Samstag die Sonne scheint, erkundigt sich Herr Petersen ______ der Hotelrezeption ______ dem Weg zum Englischen Garten. Er bittet ______ einen Stadtplan und verlässt das Hotel.

Brieftraining

Brief I

Sie sind:	Klaviervertrieb Adams & Hooper, Melbourne, Australien
Sie schreiben an:	Deutsche Botschaft in Canberra, Australien
Sie wollen:	Klaviere aus Deutschland importieren

Brief II

Sie sind:	Baumaschinenhersteller Gudang Garang, Jakarta, Indonesien
Sie schreiben an:	Deutsche Bank, Frankfurt am Main
Sie wollen:	Zusammenarbeit mit deutschen Produzenten in Ihrem Bereich

Wichtig

- Wählen Sie eine geeignete Organisation für die gewünschte Information aus.
- Bitten Sie um Namen und Adressen potentieller Geschäftspartner.
- Präsentieren Sie kurz Ihre eigene Firma und Ihre Produkte, denn: Nur wer selbst informiert, wird die gewünschte Information bekommen.
- Formulieren Sie Ihr Ziel möglichst kurz und präzise.

Hörtraining

Die Firma Bertele in Augsburg stellt Textilmaschinen her. Auf der letzten Sitzung hat die Geschäftsleitung beschlossen Kontakte zu Firmen in Italien aufzunehmen, um den Markt für ihre Produkte zu erweitern. Der Marketingassistent der Firma, Walter Hafner, hat den Auftrag übernommen, sich um die Adressen der Ansprechpartner zu kümmern. Da die Sache eilt, greift er zum Telefon.

Übung 7 Hören Sie das Gespräch und beantworten Sie die Fragen.

1 Wo ruft Herr Hafner an?
2 Was möchte Herr Hafner?
3 Warum ist die Gegend um Mailand für die Firma Bertele besonders interessant?
4 Welche Möglichkeiten der Kontaktaufnahme nennt Herr Assmann?
5 Was sind die Vorteile einer Vertretung?
6 Warum entscheidet sich Herr Hafner für die Vertretungen?
7 Worum bittet Herr Hafner Herrn Assmann zum Schluss?

Übung 8 Hören Sie das Gespräch noch einmal und notieren Sie die Adresse der Firma Bertele.

____

Herrn Hafner

____

____

2 Anfrage

Nach dem Firmennachweis geht es weiter mit dem Sammeln von Informationen. Sie müssen sich natürlich über das Angebot der möglichen Lieferfirma sowie über deren Preise und Lieferbedingungen informieren. Sie richten also eine *Anfrage* an dieses Unternehmen.

In der allgemeinen Anfrage bitten Sie um
- Kataloge
- Preislisten
- Muster
- Vertreterbesuche
- allgemeine Liefer- und Zahlungsbedingungen

Aber vielleicht wissen Sie ja auch schon genau, was Sie wollen. Dann formulieren Sie eine spezielle Anfrage. Darin müssen Sie die gewünschte Ware so genau wie möglich beschreiben, und zwar nach
- Art
- Qualität
- Menge

Bitte denken Sie daran: Je präziser Ihre Anfrage ausfällt, desto ausführlicher kann das Angebot auch bezüglich der Preise und Zahlungsbedingungen sein. Unnötige Rückfragen lassen sich so am besten vermeiden.

Bärenbräu AG

Bärenbräu AG · Gelbe Gasse 15 · A-4020 Linz

Xaver Ertl GmbH
Drygalskiallee 118

D-81477 München

26. 3. 19..

Anfrage

Sehr geehrte Damen und Herren,

Ihre Adresse teilte uns die Industrie- und Handelskammer für München und Oberbayern mit.

Wir sind eine mittelständische österreichische Brauerei und suchen für unser geplantes neues Weißbier „Linzer Weiße hefetrüb" einen Etikettenlieferanten. Unser geschätzter Jahresbedarf liegt bei ca. 100 000 Stück. Bitte senden Sie uns so bald wie möglich ein unverbindliches Angebot mit Mustern Ihrer Etiketten zu. Außerdem benötigen wir ausführliche Angaben über Lieferzeiten, Preise, Liefer- und Zahlungsbedingungen.

Bei Rückfragen steht Ihnen unsere Mitarbeiterin Hermine Brunnauer gern zur Verfügung.

Mit freundlichen Grüßen

Bärenbräu AG

Albert Haushofer

Bärenbräu AG
Gelbe Gasse 15
A-4020 Linz
Telefon 07 32 - 69 86 32
Telefax 07 32 - 69 86 54

Gebr. Steimel GmbH & Co.

Maschinenfabrik Hennef
Brillenstraße 14 · 53773 Hennef
Postfach 1565 · 53762 Hennef
Telefon 0 22 42/88 09-23
Telefax 0 22 42/88 09 56

TELEFAX-NACHRICHT

An: Feodor Burgmann
Wolfratshausen

Fax-Nr.: 0 81 71/23 10 07

Seiten: 1 (inkl. Deckblatt)
Ref.-Nr.: 641

14.10.19..

Anfrage

Sehr geehrte Damen und Herren,

bitte schicken Sie uns ein unverbindliches Preisangebot für

1 Stück Gleitringdichtung M377N/15X3R
2 Stück dito M677 G56/20, Buka 16V

und teilen Sie uns die kürzeste Lieferzeit mit.
Vielen Dank für Ihre Bemühungen.

Mit freundlichen Grüßen

Formulierungstraining

Übung 1 Setzen Sie die Satzteile richtig zusammen.

1	m

1 Ihre Adresse teilte uns
2 Wir haben Ihre Adresse
3 Die IHK hat uns
4 Wir haben Ihre Anzeige
5 Wir beziehen uns
6 Wir interessieren uns
7 Wir sind interessiert
8 Wir benötigen laufend
9 Bitte senden Sie uns
10 Bitte nennen Sie uns
11 Wir brauchen auch Angaben
12 Sollten Ihre Preise
13 Bei guter Qualität können Sie
14 Bei guter Qualität sind wir
15 Die Hypo-Bank München erteilt Ihnen

a für Ihre Baumaschinen.
b an Sie verwiesen.
c über Ihre Verkaufs- und Lieferbedingungen.
d mit größeren Aufträgen rechnen.
e gerne Auskunft über uns.
f durch die IHK bekommen.
g ein Angebot zu.
h im „Handelsblatt“ gelesen.
i zu weiteren Aufträgen bereit.
j Ihre Verkaufs- und Lieferbedingungen.
k an Ihren Baumaschinen.
l Baumaschinen.
m die IHK mit.
n konkurrenzfähig sein, erhalten Sie größere Aufträge.
o auf Ihre Anzeige im „Handelsblatt“.

Übung 2 Setzen Sie die fehlenden Wörter ein.

Unternehmen
Lieferzeiten
künftig
auf
Erzeugnissen
wenden
rechnen
vom
beziehen
Auskünfte
wie
unverbindliches
Sollten
ausführlichen
an
senden
so

Sehr geehrte Damen und Herren,

wir __________ uns _____ Ihre Anzeige in der „Frankfurter Allgemeinen Zeitung“ _____ 16.03.19.. über Ihre Registrierkassen.

Wir sind ein mittelständisches ____________ und sind ___ Ihren ____________ interessiert. Bitte __________ Sie uns _____ bald _____ möglich ein ____________ Angebot zu mit ____________ Angaben über Ihre Produkte sowie über Preise, ____________, Liefer- und Zahlungsbedingungen.

Für __________ über uns __________ Sie sich bitte an die Commerzbank in München.

__________ Ihre Produkte konkurrenzfähig sein, können Sie auch __________ mit Aufträgen von uns __________.

Grammatik

Adjektivdeklination I

Sie erinnern sich an die österreichische Brauerei Bärenbräu, die für das geplante Weißbier einen neuen Etikettenlieferanten sucht.
Adjektive und Partizipien wie *österreichisch, geplant* und *neu* müssen dekliniert werden, wenn sie vor einem Nomen stehen.
Wir geben Ihnen hier zwei Regeln zur Adjektivdeklination:

Regel 1 Vor dem Adjektiv steht *der, das, die* (bestimmter Artikel) oder ein anderer Artikel mit Kasus-Signal (z. B. *unserem*) → das Adjektiv bekommt die Endung *-en*.
Ausnahmen: Nominativ (maskulin, neutral, feminin) und Akkusativ (neutral, feminin) Singular → das Adjektiv bekommt die Endung *-e*.

	maskulin	**neutral**	**feminin**	**Plural**
	der Käse	das Bier	die Schokolade	die Produkte
Nominativ	der frische	das kühle	die süße	die neuen
Akkusativ	den frischen	das kühle	die süße	die neuen
Dativ	dem frischen	dem kühlen	der süßen	den neuen
Genitiv	des frischen	des kühlen	der süßen	der neuen

Das gilt auch nach: *dieser, dieses, diese* (Plural *diese*) – *jeder, jedes, jede* (Plural *alle*) – *welcher, welches, welche* (Plural *welche*) und im Plural nach *keine, meine, deine, seine.*

Zur Deklination mit dem unbestimmten Artikel siehe Kapitel 3, Seite 32.

Regel 2 Vor dem Adjektiv steht kein Artikel → das Adjektiv bekommt das Kasus-Signal (Endung des bestimmten Artikels).
Ausnahmen: Genitiv Singular (maskulin und neutral) → das Adjektiv bekommt die Endung *-en*.

	maskulin	**neutral**	**feminin**	**Plural**
	Käse	Bier	Schokolade	Produkte
Nominativ	frischer	kühles	süße	neue
Akkusativ	frischen	kühles	süße	neue
Dativ	frischem	kühlem	süßer	neuen
Genitiv	frischen	kühlen	süßer	neuer

Übung 3 Ergänzen Sie die Adjektivendungen.

Sehr geehrt__ Damen und Herren,

wir beziehen uns auf Ihre Anzeige für Korkenzieher in der letzt__ Ausgabe der Zeitschrift „Gourmet".

Wir sind ein kleines französisches Unternehmen, das mit ausgewählt__ Weinen handelt. Unserem langjährig__ Kundenkreis bieten wir auch exklusiv__ Zusatzprodukte an, die für den wirklich__ Weinkenner attraktiv sind. Aus diesem Grund sind wir an Ihrem Angebot für hochwertig__ Korkenzieher interessiert. Bitte senden Sie uns ein unverbindliches Angebot über Ihre aktuell__ Verkaufs- und Lieferbedingungen zu.

Bei gut__ Qualität der geliefert__ Korkenzieher können Sie mit weiter__ Aufträgen unsererseits rechnen.

Falls Sie es wünschen, erteilt Ihnen das renommiert__ Bankinstitut Crédit Lyonnais in Paris jederzeit Auskunft über uns.

Mit freundlich__ Grüßen

Übung 4 Ergänzen Sie die Adjektivendungen.

aromatisch___ Schinken aus Italien	italienisch___ Schinken
reif___ Obst aus Griechenland	griechisch___ Obst
leicht___ Wein aus Frankreich	französisch___ Wein
rot___ Tulpen aus Holland	holländisch___ Tulpen
dunkl___ Brot aus Deutschland	deutsch___ Brot
schwarz___ Kaffee aus Brasilien	brasilianisch___ Kaffee
grün___ Tee aus Indien	indisch___ Tee
weiß___ Porzellan aus China	chinesisch___ Porzellan

Genus der Nomen

Es gibt einige Nomen-Endungen (Suffixe), die es Ihnen erleichtern können, das Genus des Nomens zu bestimmen.

maskulin	-er	der Kugelschreiber, –	-or	der Kompressor, -en
	-ling	der Lehrling, -e	-ant	der Fabrikant, -en
	-en	der Wagen, –	-ist	der Optimist, -en

Nomen ohne Endung, die vom Verb abgeleitet sind, z. B.: der Fall, ⸚e

neutral	-um	das Datum, Daten	-at	das Sekretariat, -e
	-ment	das Sortiment, -e	-o	das Radio, -s
	-nis	das Verzeichnis, -se		

Substantivierte Infinitive, z. B.: das Produzieren

feminin	-in	die Mitarbeiterin, -nen	-e	die Anfrage, -n
	-ung	die Bedingung, -en	-ei	die Brauerei, -en
	-heit	die Gelegenheit, -en	-ie	die Kopie, -n
	-keit	die Fähigkeit, -en	-ion	die Information, -en
	-schaft	die Gesellschaft, -en	-ität	die Qualität, -en

Ausnahmen bei den Nomen auf -e sind z. B.: der Kunde, der Name

Übung 5 Setzen Sie den bestimmten Artikel ein.

___ Ereignis	___ Maschine	___ Auto	___ Leistung
___ Druckerei	___ Erzeugnis	___ Verpackung	___ Motor
___ Rückfrage	___ Hersteller	___ Kopierer	___ Wirtschaft
___ Manager	___ Molkerei	___ Rechnung	___ Anzeige
___ Spedition	___ Formulierung	___ Woche	___ Spezialist
___ Konto	___ Plakat	___ Element	___ Zwilling
___ Liste	___ Pünktlichkeit	___ Porto	___ Adresse
___ Vertreter	___ Kundin	___ Kollegin	___ Farbe
___ Zahlung	___ Lieferant	___ Faktor	___ Schwierigkeit
___ Zentrum	___ Größe	___ Industrie	___ Ware
___ Laden	___ Gewerkschaft	___ Bestellung	___ Versicherung
___ Mentalität	___ Anbieter	___ Format	

Übung 6 Ergänzen Sie die Endungen.

Sehr geehrte Damen und Herren,

wir beziehen uns auf Ihr__ Anzeige in d__ „Wirtschaftswoche". Sie inserieren dort mobile Verkaufshallen in d__ Rasterbreite von 10 bis 40 m und mit ein__ Seitenhöhe bis zu 8 m. Dies__ Halle braucht kein__ eigenes Betonfundament.
Da wir ein__ große Sonderausstellung planen, benötigen wir ein__ repräsentative Halle, in der unser__ Brauerei d__ Möglichkeit hat unser__ neues Erzeugnis d__ Öffentlichkeit vorzustellen.

Bitte senden Sie uns so bald wie möglich ein Angebot mit Ihr__ Liefer- und Zahlungsbedingungen zu, damit wir weitere Verhandlungen aufnehmen können.

Mit freundlichen Grüßen

Brieftraining

Brief I

Sie sind: Rollstuhlhersteller Compostelli, Mailand
Sie schreiben an: Gummiwerke Pelikan, Hamburg
Sie wollen: Reifen für ein neues Rollstuhlmodell

Brief II

Sie sind: Molkereiproduktevertrieb Allinquant, Lyon
Sie schreiben an: Ost-Milch, Görlitz
Sie wollen: Ost-Milch-Produkte in Frankreich anbieten

Wichtig

- Nennen Sie die Herkunft Ihrer Anfrage.
- Teilen Sie mit, wer Sie sind und warum Sie anfragen.
- Beschreiben Sie – kurz oder ausführlich – die gewünschte Ware.
- Bitten Sie um Kataloge, Muster sowie Angaben über Lieferzeiten, Zahlungs- und Lieferbedingungen.
- Geben Sie eventuell Referenzen an.
- Ein Hinweis auf mögliche Geschäfte in der Zukunft kann auch nie schaden.

Hörtraining

Vielleicht haben Sie keine Zeit die Anfrage bei der Firma schriftlich einzuholen – oder das Angebot der Firma ist unvollständig. In den meisten Fällen greifen Sie vermutlich zum Telefonhörer, um die Sache direkt mit Ihrem Geschäftspartner zu besprechen.

Sie sparen sich viel Mühe und Zeit, wenn Sie das Telefongespräch gut vorbereiten. Orientieren Sie sich dabei an folgenden Fragen:

- Wen wollen Sie sprechen? (Name der Abteilung/des Sachbearbeiters ...)
- Was wollen Sie besprechen? (Angebot einholen ...)
- Wo kann es Probleme geben?
- Welche positiven Argumente haben Sie?
- Welche Argumente könnte Ihr Gesprächspartner haben?
- Notieren Sie sich die wichtigsten Wörter, die Sie brauchen.
- Notieren Sie auch die Wörter, die Ihr Gesprächspartner vermutlich gebrauchen wird.

Frau Bovary von der Firma Georges Dubœuf ist gerade dabei einen Brief an die Firma Müssig in Nürnberg zu schreiben und den Katalog anzufordern – da kommt ihr Chef und erklärt ihr, dass die Sache sehr eilig ist. Er braucht noch im Laufe der Woche ein Angebot. Frau Bovary muss also gleich in Nürnberg anrufen. Sie notiert sich einige Fragen, holt das deutsche Buchstabieralphabet aus der Schublade und greift dann zum Hörer.

Übung 7 Hören Sie das Gespräch und beantworten Sie die Fragen.

1 Was produziert die Firma Dubœuf?
2 Für welche Produkte der Firma Müssig interessiert sich Frau Bovary?
3 Hat die Firma Müssig nur ein Modell im Angebot?
4 Welches Modell möchte Frau Bovary?
5 Für wen möchte die Firma Dubœuf das Modell bestellen?
6 Was kostet ein Exemplar, wenn der Kunde 200 Stück davon bestellt?

Übung 8 Hören Sie das Gespräch noch einmal.

1 Notieren Sie den Namen und die Adresse der Firma Dubœuf.
2 Buchstabieren Sie den Namen Ihrer Firma nach dem deutschen und nach dem internationalen Buchstabieralphabet.

Deutsches Buchstabieralphabet

A	=	Anton	O	=	Otto
Ä	=	Ärger	Ö	=	Ökonom
B	=	Berta	P	=	Paula
C	=	Cäsar	Q	=	Quelle
D	=	Dora	R	=	Richard
E	=	Emil	S	=	Samuel
F	=	Friedrich	T	=	Theodor
G	=	Gustav	U	=	Ulrich
H	=	Heinrich	Ü	=	Übermut
I	=	Ida	V	=	Viktor
J	=	Julius	W	=	Wilhelm
K	=	Kaufmann	X	=	Xanthippe
L	=	Ludwig	Y	=	Ypsilon
M	=	Martha	Z	=	Zacharias
N	=	Nordpol	ß sprechen Sie so aus: *Eszett*		

Internationales Buchstabieralphabet

A	=	Amsterdam	N	=	New York
B	=	Baltimore	O	=	Oslo
C	=	Casablanca	P	=	Paris
D	=	Denmark	Q	=	Quebec
E	=	Edison	R	=	Roma
F	=	Florida	S	=	Santiago
G	=	Gallipoli	T	=	Tripoli
H	=	Havana	U	=	Upsala
I	=	Italy	V	=	Valencia
J	=	Jerusalem	W	=	Washington
K	=	Kilogram	X	=	Xantippe
L	=	Liverpool	Y	=	Yokohama
M	=	Madagascar	Z	=	Zürich

3 Angebot

Nehmen wir folgendes an: Sie haben keine Anfrage abgeschickt, sondern selbst eine bekommen. Sie reagieren darauf mit einem *Angebot* – und zwar auf eine allgemeine Anfrage mit einem Schreiben, in dem Sie

- sich für das Interesse bedanken
- in der Anlage die gewünschten Preislisten, Kataloge und Geschäftsbedingungen übersenden.

Schwieriger wird es, wenn Sie auf eine spezielle Anfrage reagieren. Dann müssen Sie auf alle Fragen so genau wie möglich eingehen.

Das Angebot ist nach deutschem Recht grundsätzlich verbindlich. Das sollten Sie stets im Auge behalten: So wie Sie angeboten haben, so müssen Sie auch liefern. Sie können diese Verbindlichkeit aber auch einschränken; dann geben Sie ein zeitlich befristetes Angebot ab oder ein freibleibendes bzw. unverbindliches Angebot – mit Formulierungen wie z. B. *Angebot gültig bis …, Preisänderungen vorbehalten, solange Vorrat reicht, Zwischenverkauf vorbehalten* etc.

Im Folgenden ein paar Hinweise, was Sie für ein vollständiges Angebot berücksichtigen sollten:

- Ware (Art, Menge, Größe, Farbe, Qualität)
- Preis
- Lieferzeit
- Liefer- und Zahlungsbedingungen
- Geschäftsbedingungen (oft ein Verweis auf die *Allgemeinen Geschäftsbedingungen*)

Sie merken: Jetzt wird's ernst!

Thompson Motorkomponenten GmbH & Co. KG

Zieglerstraße 16 · D-52078 Aachen
Postfach 642 · D-52075 Aachen
Telefon 02 41 / 31 43-0 · Telex 734 699 Thom d
Fax 02 41 / 31 43-350 · Btx * 920038 #

Thompson Motorkomponenten GmbH & Co. KG
Postfach 642, D-52075 Aachen

Lester AG
Abteilung Einkauf
Herrn Rowe
Heerenstr. 3

CH-8427 Rorbas

17.4.19..

Sehr geehrter Herr Rowe,

mit Bezug auf Ihr Gespräch am 14.4. mit unserem Mitarbeiter, Herrn Lehmann, biete ich Ihnen an:

60 Thompson-Kolben SPC 1.300
zum Preis von DM ... pro Stück ab Werk

60 Thompson-Leichtmetallzylinder XRQ 8.9334
zum Preis von DM ... pro Stück ab Werk

Die genannten Stückpreise sind Nettowerte zuzüglich Verpackung (3%) und 0,2% Versicherungssteuer, gültig bis zum 31.12.19..
Der Kaufpreis ist innerhalb 30 Tagen nach Rechnungsdatum ohne Abzug fällig.
Auf alle Teile geben wir sechs Monate Garantie. Die Lieferzeit beträgt vier Wochen.
Es gelten die allgemeinen Lieferbedingungen für Leistungen und Erzeugnisse der Metallindustrie.
Ich bedanke mich für Ihr Interesse.

Mit freundlichen Grüßen

Thompson Motorkomponenten GmbH & Co. KG

J. Rörlich

J. Rörlich
Manager Gussteile

UST(VAT)-ID-Nr. DE 136 113 547 · Aachener Hypothekenbank, Aachen, BLZ 430 814 90, Konto 2658 736 938 · Persönlich haftender Bankhaus Aufseß, Aachen, BLZ 430 615 03, Konto 165 87 333 · Amtsgericht Aachen HRB 5603 · Gesellschafter: Egon Kranz · Geschäftsführer: Michael Meyerbeer

DOPS Messtechnik GmbH

Postfach 80 00 07 • 80806 München
Muthmannstraße 69 • 80939 München
Tel. 089/311 11-0 • Fax 089/311 11-17

Telefax

An:	Heinrich Lasch GmbH, Herrn Klein
Fax:	07 11/13 00 13 31
Von:	Dieter Weise/Vertrieb
Datum:	16.4.19..
Anzahl der Seiten:	1

Angebot

Sehr geehrter Herr Klein,

wunschgemäß bieten wir Ihnen an:

- Spannungsmessgerät ALPHA 141028	DM 147,-
- Akkumulator AS 170628	DM 773,-
- Messgerät OPTICA 220155	DM 695,-

Alle Preise sind Nettopreise und verstehen sich ab Werk zuzüglich Mehrwertsteuer und Verpackung.

Lieferzeit: ca. 3 Wochen nach Auftragseingang
Zahlung: netto innerhalb von 30 Tagen
Unser Angebot ist gültig bis: 31.7.19..

Über einen Auftrag von Ihnen würden wir uns sehr freuen.

Mit freundlichen Grüßen

DOPS Messtechnik GmbH

D. Weise

Dieter Weise

Formulierungstraining

Übung 1 Suchen die Sätze heraus, die eine ähnliche Bedeutung haben.

1	f

1 Vielen Dank für Ihr Schreiben.
2 Wunschgemäß bieten wir Ihnen an:
3 Unsere Preise gelten ab Werk.
4 Unser Angebot gilt bis Ende des Jahres.
5 Der Kaufpreis ist innerhalb 2 Wochen ohne Abzug fällig.
6 Wir liefern gegen Vorauszahlung.
7 Die Lieferzeit beträgt 8 Wochen.
8 Das Angebot ist unverbindlich.
9 Wir bedanken uns für Ihr Interesse.

a Unser Angebot ist freibleibend.
b Wir würden uns freuen, wenn unser Angebot für Sie von Interesse wäre.
c Zahlung binnen 14 Tagen netto.
d Die Preise verstehen sich ab Werk.
e Wir halten unser Angebot bis Jahresende offen.
f Wir danken Ihnen für Ihre Anfrage.
g Wir bieten Ihnen an wie folgt:
h Lieferzeit: ca. 2 Monate nach Auftragseingang.
i Lieferung der Ware gegen Vorauskasse.

Übung 2 Wie heißt die englische Variante auf Deutsch?

Geliefert ab Schiff
Frei Frachtführer
Frei an Bord
Kosten und Fracht
Frachtfrei
Frachtfrei versichert
Geliefert Grenze
Frei Längsseite Seeschiff
Geliefert ab Kai (verzollt)
Kosten, Versicherung und Fracht
Geliefert unverzollt
Geliefert verzollt
Ab Werk

EXW	Ex works	______________
FCA	Free carrier	______________
FAS	Free alongside ship	______________
FOB	Free on board	______________
CFR	Cost and freight	______________
CIF	Cost, insurance and freight	______________
CPT	Carriage paid to	______________
CIP	Carriage and insurance paid to	______________
DAF	Delivered at frontier	______________
DES	Delivered ex ship	______________
DEQ	Delivered ex quay (duty paid)	______________
DDU	Delivered duty unpaid	______________
DDP	Delivered duty paid	______________

Übung 3 Setzen Sie die fehlenden Wörter ein.

erhalten
pro Stück
gewünschte
gefreut
frei Haus
innerhalb
ohne Abzug
bestellen
Lieferung
Nettopreise einschließlich
Mengenrabatt
Skonto
liefern
Bestellung
begleichen

Sehr geehrte Damen und Herren,

besten Dank für Ihre Anfrage. Über Ihr Interesse an unseren Gläsern haben wir uns sehr ___________. Mit diesem Brief ___________ Sie unseren neuesten Katalog und natürlich das ___________ Angebot:

Bestell-Nr. 550:
Cognac-Schwenker; Preis DM 55,80 pro Stück

Bestell-Nr. 681:
Champagner-Glas;
Preis DM 68,90 ___________

Diese Preise sind ________________________ Verpackung. Wenn Sie die Rechnung binnen 8 Tagen ___________, können Sie 3% _________________ abziehen. Sie können aber auch ___________ 30 Tagen _________ bezahlen. Wir gewähren Ihnen einen ___________ von 5%, wenn Sie von jedem Artikel mindestens 20 Stück ___________. Wir können Ihnen diese Gläser bis Ende des Monats ___________. Sie erhalten die Ware ___________ durch unseren Versand-Service. Wir freuen uns auf Ihre ___________ und sind sicher, dass Sie mit unserer ____________ zufrieden sein werden.

Mit freundlichen Grüßen

Übung 4 Bringen Sie die Textteile in die richtige Reihenfolge.

1 Die Zahlung erfolgt durch ein unwiderrufliches Akkreditiv
2 Die Lieferzeit beträgt momentan 3 bis 5 Wochen.
3 wir danken Ihnen für Ihre Anfrage
4 Sehr geehrte Damen und Herren,
5 Unsere Preise verstehen sich FOB deutscher Hafen oder Flughafen, einschließlich Verpackung.
6 Je 1000 T-Shirts, Farbe weiß, kurzärmelig, mit Brusttasche, in den Größen S, M, L und XL
7 bei der Barclays Bank in Porto.
8 Über einen baldigen Auftrag von Ihnen würden wir uns freuen.
9 und können Ihnen wie folgt anbieten:
10 Dieses Angebot gilt bis 15.6.19..
11 zum Preis von 8,70 DM pro Stück.

4										

Grammatik

Adjektivdeklination II

Im Kapitel 2 finden Sie Regeln zur Adjektivdeklination mit dem bestimmten Artikel und ohne Artikel (siehe Seite 21).

Wir geben Ihnen hier eine dritte Regel zur Adjektivdeklination:

Regel 3

Im Singular steht vor dem Adjektiv der unbestimmte Artikel → das Adjektiv bekommt die Endung *-en.*
Ausnahmen: Nominativ (maskulin, neutral, feminin) und Akkusativ (neutral, feminin); hier bekommt das Adjektiv das Kasus-Signal.
Diese Regel gilt auch nach *kein, mein, dein, sein* im Singular.

Wo im Singular ein unbestimmter Artikel steht, steht im Plural kein Artikel → das Adjektiv bekommt das Kasus-Signal.
Nach *keine, meine, deine, seine* im Plural bekommen die Adjektive die Endung *-en*: *keine/seine neuen Produkte* (siehe Regel 1, Seite 21).

	maskulin	**neutral**	**feminin**	**Plural**
	ein Käse	ein Bier	eine Schokolade	Produkte
Nominativ	ein frischer	ein kühles	eine süße	neue
Akkusativ	einen frischen	ein kühles	eine süße	neue
Dativ	einem frischen	einem kühlen	einer süßen	neuen
Genitiv	eines frischen	eines kühlen	einer süßen	neuer

Bitte achten Sie auf folgende Veränderungen:
Das Produkt ist *teuer.* → Das ist ein *teures* Produkt.
Das Zimmer ist *dunkel.* → Das ist ein *dunkles* Zimmer.
Der Preis ist *hoch.* → Das ist ein *hoher* Preis.

Übung 5 Ergänzen Sie die unbestimmten Artikel und die Adjektivendungen.

1 Das ist _____ interessant___ Angebot.
2 Wir schicken Ihnen ______ aktuell___ Preisliste zu.
3 Sie können in Kürze mit ______ größer___ Auftrag rechnen.
4 ______ ausführlich____ Beschreibung unserer Produkte legen wir bei.
5 Über _______ baldig___ Bestellung würden wir uns freuen.
6 Wir sind _____ mittelständisch____ Unternehmen, spezialisiert auf die Herstellung von elektronisch___ Zubehörteilen für Personenwagen.
7 Bei Abnahme von 1000 Stück gewähren wir Ihnen _____ einmalig__ Sonderrabatt von 5% auf die Rechnungssumme.
8 ______ schriftlich___ Bestätigung des Lieferdatums geht noch heute per Fax an Sie ab.

Übung 6 Ergänzen Sie die Adjektivendungen.

```
Sehr geehrt__ Damen und Herren,

viel__ Dank für Ihre Anfrage. Wir freuen uns über Ihr Interesse
an unserem neuest__ Telekommunikationssystem. Wir bieten Ihnen
ein flexibl__ Bausteinprinzip mit modernst__ digital__ Infra-
struktur.

Mit diesem Schreiben erhalten Sie unseren aktuell__ Katalog
mit genau__ Beschreibung der vielfältig__ Möglichkeiten unseres
Telekommunikationssystems, das für jedes aktiv__ Unternehmen
die passend__ Lösung bietet und auf alle heutig__ Anforderungen
die richtig__ Antwort hat.

Die geltend__ Preise, unsere genau__ Liefer- und Zahlungs-
bedingungen entnehmen Sie bitte dem beiliegend__ Katalog.
Wir freuen uns auf eine effektiv__ Zusammenarbeit.

Mit freundlich__ Grüßen
```

Wortbildung: Fugenelement -s-

Im Deutschen werden oft zwei oder mehr Nomen miteinander kombiniert. Das zweite Nomen bestimmt dann den Artikel des ganzen Kompositums:

das Stück	+	*der* Preis	→	*der* Stückpreis
der Preis	+	*die* Liste	→	*die* Preisliste
die Produktion	+	*das* Programm	→	*das* Produktionsprogramm

Häufig werden das erste und das zweite Nomen einfach zusammengeschrieben *(der Stückpreis, die Preisliste)*. Manchmal tritt – wie im Wort *Produktionsprogramm* – zwischen den ersten und den zweiten Teil des Kompositums ein Fugenelement, wie hier das *-s-*.

Das Fugenelement *-s-* steht

- nach den Suffixen

-ung:	Zahlungsbedingungen	-um:	Plenumsberatung
-ion:	Diskussionsergebnis	-schaft:	Gewerkschaftstreffen
-heit:	Gelegenheitsjob	-ität:	Liquiditätsproblem
-är:	Aktionärsanteil	-tum:	Eigentumsordnung
-keit:	Öffentlichkeitsarbeit	-ling:	Zwillingsbruder

- nach einem substantivierten Infinitiv

das Leben	+	die Weise	→	die Lebensweise

- häufig nach einem maskulinen oder neutralen Nomen mit *Ge-*

der Gebrauch	+	die Anweisung	→	die Gebrauchsanweisung
das Geschäft	+	die Bedingung	→	die Geschäftsbedingung

- nach dem Nomen *Arbeit*

die Arbeit	+	die Zeit	→	die Arbeitszeit

Aber: Arbeitgeber, Arbeitnehmer

Übung 7 Verbinden Sie die folgenden Nomen mit *-s-* oder ohne Fugenelement.

die Verpackung	das Material	______________
das Stück	der Preis	______________
die Kommission	der Vorsitzende	______________
die Fabrik	das Gelände	______________
das Gehalt	die Erhöhung	______________
die Wirtschaft	das Wachstum	______________
die Geschwindigkeit	die Begrenzung	______________
die Arbeit	der Platz	______________
der Mehrwert	die Steuer	______________

Kommaregeln

Ein Komma steht

- nach der Ortsangabe im Brief: *München, den 3.6.19..*
- nach der Anrede im Brief: *Sehr geehrte Damen und Herren,*
- zwischen Haupt- und Nebensatz: *Sie können 3% Skonto abziehen, wenn Sie die Rechnung binnen 8 Tagen bezahlen.*
- bei Aufzählungen, die ohne *und* verbunden sind: *Wir liefern die T-Shirts in den Farben weiß, schwarz, rot und blau.*

Übung 8 Setzen Sie die Kommas im folgenden Brief.

München den 12.8.19..

Sehr geehrte Damen und Herren

wir danken Ihnen für Ihre Anfrage vom 5.8.19.. Sie suchen eine repräsentative Halle da Sie eine Sonderausstellung Ihrer Brauereiprodukte planen.

Wir empfehlen Ihnen entweder eine große 40 m lange Halle oder zwei kleinere Hallen mit Durchgang. Letztere haben den Vorteil dass Sie die Produktpräsentation auch räumlich gliedern können.

Wir möchten Sie noch darauf aufmerksam machen dass wir einen Miet- und Leasing-Service entwickelt haben um flexibel und preiswert auf die Wünsche unserer Kunden reagieren zu können. Die Kosten für Bauteile Lieferung und Aufbau der Hallen entnehmen Sie bitte dem beiliegenden Katalog in dem Sie auch unsere geltenden Liefer- und Zahlungsbedingungen finden. Über einen baldigen Auftrag von Ihnen würden wir uns freuen.

Mit freundlichen Grüßen
Hecker Stahlbau GmbH

Brieftraining

Brief I

Sie sind: Polstermöbelfabrik Boneschi, Neapel, Italien
Sie schreiben an: Schlafzimmer Raimund, München, Deutschland
Sie bieten an: Doppelbett „Gigolo" (200 x 180 cm, DM 396,–)
Liefer- und Zahlungsbedingungen: innerhalb 30 Tagen ohne Abzug, 5% Mengenrabatt ab 10 Betten, Lieferung frei Haus, Lieferzeit 8 Wochen, Angebot 4 Wochen gültig.

Brief II

Sie sind: Sherry-Exporteur Buergo, Sevilla, Spanien
Sie schreiben an: Weingroßhandlung Reisch, Augsburg, Deutschland
Sie bieten an: 200 Flaschen Sherry (Bestell-Nr. 314)
Preis, Lieferzeit, Liefer- und Zahlungsbedingungen wählen Sie selbst. Kündigen Sie an, dass Sie eine Probeflasche mit getrennter Post zuschicken.

Wichtig

- Beziehen Sie sich kurz auf die Anfrage.
- Beantworten Sie präzise alle gestellten Fragen.
- Geben Sie alle Informationen, die der Kunde für eine schnelle Bestellung ohne Rückfragen braucht.
- Vergessen Sie nicht den Hinweis auf ein möglicherweise noch günstigeres Angebot; der Kunde soll wissen, dass er den Preis beeinflussen kann.
- Drücken Sie Ihre Hoffnung auf einen baldigen Auftrag aus.

Hörtraining

Herr Rowe von der Lester AG in der Schweiz hat das Angebot der Firma Thompson über die Kolben und Leichtmetallzylinder bekommen. Bevor er endgültig bestellen kann, muss er noch einen Punkt klären. Da für weitere Briefwechsel keine Zeit ist, ruft Herr Rowe bei der Firma Thompson an.

Übung 9 Hören Sie das Gespräch und beantworten Sie die Fragen.

1 Wo ist Herr Rörlich gerade?
2 Von wann ist das Angebot der Firma Thompson?
3 Welches Problem wollte Herr Rowe mit Herrn Rörlich besprechen?
4 Bis wann ist Herr Rowe telefonisch erreichbar?

Übung 10 Hören Sie das Gespräch noch einmal und notieren Sie.

1 Vorwahl für die Schweiz ____________________

2 Nummer der Firma ____________________

3 Durchwahl von Herrn Rowe ____________________

Bitte achten Sie auf folgenden Unterschied:

jemanden anrufen	*Ich rufe dich heute Abend an.*
mit jemandem telefonieren	*Er telefoniert gerade mit seiner Freundin.*
jemanden zurückrufen	*Er ruft Sie so bald wie möglich zurück.*

Der *Werbebrief* ist eine Form der Direktwerbung, um das Interesse für Ihre Firma

4 Werbebrief

Der *Werbebrief* ist eine Form der Direktwerbung, um das Interesse für Ihre Firma und Ihre Produkte zu wecken.

Es gibt zwei Hauptgründe für das Versenden eines Werbebriefs:
- Sie wollen in Ihrem Kundenkreis für ein Produkt werben.
- Sie wollen neue Kunden gewinnen.

Ein Werbebrief ist kein Angebot, sondern nur eine unverbindliche Einladung an potentielle Kunden, Ihre Produkte zu kaufen. Dabei ist es besonders wichtig, dass Sie in Ihrem Schreiben
- den Kunden so persönlich wie möglich ansprechen
- die Vorteile betonen, die Ihr Produkt für die speziellen Bedürfnisse dieses Kunden hat.

Wenn der Adressat den Eindruck hat, dass Sie für seine Bedürfnisse die individuelle Lösung bieten, dann wird er Ihre Einladung gern annehmen.

LABORGERÄTEBÖRSE®
Handelsgesellschaft für
Analysensysteme mbH

LABORGERÄTE BÖRSE®
DIE No 1 IN EUROPA

Laborgerätebörse . Postfach 245 . D-72387 Burladingen

Fischer & Werkmeister GmbH
Maxstraße 336

96049 Bamberg

Oktober 19..

Sehr geehrte Damen und Herren,

wir senden Ihnen heute unsere aktuelle Sonderliste Herbst 19.. zu. In dieser Liste ist wieder eine Vielzahl an gebrauchten Analysensystemen enthalten, die für Sie von Interesse sind. Alle Geräte sind komplett überholt und befinden sich in technisch und optisch einwandfreiem Zustand - das garantieren wir Ihnen!

Gerade in Zeiten des wirtschaftlichen Umbruchs ist es für Sie interessant, auf geprüfte, gebrauchte Analysengeräte zurückzugreifen, da Sie bei gleicher Leistungsanforderung an die Geräte nur einen Bruchteil vom Neupreis investieren müssen.

Dadurch sparen Sie Kosten ein und haben Reserven frei für andere, wichtige Investitionen.

Werfen Sie jetzt einen Blick in unsere Liste und fordern Sie Prospektunterlagen bei uns an. Es wird sich für Sie lohnen.

Möchten Sie uns Ihre Analysengeräte anbieten, welche Sie nicht mehr benötigen, so senden Sie uns die beigefügte Antwortkarte zurück, damit wir uns mit Ihnen in Verbindung setzen können.

Geben Sie Ihre gebrauchten Analysengeräte bei einem Neukauf nicht in Zahlung, bieten Sie uns diese an. Es wird sich für Sie in doppelter Weise lohnen. Zum einen vergüten wir Ihnen mehr für Ihr gebrauchtes Gerät, zum anderen haben Sie eine bessere Verhandlungsbasis beim Neugerätekauf.

Rufen Sie uns an - es lohnt sich für Sie!

Die LABORGERÄTEBÖRSE

Geschäftsführer
Dipl.-Ing. Wolfgang Kuster
Amtsgericht Hechingen HRB 549

Lieferadresse
Gammertinger Str.18
D-72393 Burladingen

Telefon 07474/9514-0
Telefax 07474/9514-44

Volksbank Hohenzollern BLZ 641 632 25 Nr. 102 759 006
Kreissparkasse Burladingen BLZ 653 512 60 Nr. 93 473 541
Postgiroamt Stuttgart BLZ 600 100 70 Nr. 2539 29-709

advanced graphics software gmbh
Software Distribution, Marketing und Service

DOPS Messtechnik GmbH
Postfach 80 00 07

80806 München

Leonberg, Oktober 19..

Neu von CADKEY – CADKEY DRAFTER speziell für die 2D-Konstruktion und das Technische Zeichnen

Liebe CAD-Interessenten, Anwender und Profis,

mit CADKEY DRAFTER wird auf der SYSTEMS das neueste Produkt aus dem Hause CADKEY vorgestellt. Professionelle Rechnerleistung ist heute für jeden potentiellen CAD-Anwender verfügbar. Jetzt gibt es mit CADKEY DRAFTER das professionelle Softwarepaket dazu. CADKEY DRAFTER ist die preiswerte, leistungsstarke Alternative oder Ergänzung. Professionelle Leistungsstärke, leichteste Erlernbarkeit und Bedienung, Kompatibilität zu anderen Systemen und ein konkurrenzloser Preis wurden in CADKEY DRAFTER zu einem attraktiven Paket verbunden.

Überzeugen Sie sich selbst auf der SYSTEMS vom 18. bis 22. Oktober in München – oder nutzen Sie eines unserer Angebote.

Mit freundlichen Grüßen

AGS GmbH – Distributor für CADKEY

Anlage: Produktankündigung/Information

Mollenbachstraße 37 · 71229 Leonberg · Tel. 07152/42081 · Fax 07152/74166 · BBS 07152/977141
HRB 1924 Amtsgericht Leonberg · Geschäftsführer: Thomas Berkmann, Martin Trostel
Bankverbindungen: Kreissparkasse Böblingen (BLZ 603 501 30) Kto.-Nr. 8 905 200
Bayerische Vereinsbank Stuttgart (BLZ 600 202 90) Kto.-Nr. 3 008 533
EMail 100145.3531 @ compuserve.com · USt. Id. Nr. DE 145998814

Formulierungstraining

Übung 1 Setzen Sie die Satzteile richtig zusammen.

1	d

1 Lieber Gartenbesitzer
2 der Frühling
3 Sie haben sich sicher schon überlegt,
4 Wir wissen,
5 Wir bieten Ihnen nicht nur
6 Wir führen auch alles,
7 Unser freundliches Fachpersonal
8 Werfen Sie einen Blick
9 Sie werden staunen
10 Oder kommen Sie einfach in eines unserer Geschäfte
11 Wir versprechen Ihnen schon jetzt: Ihre Nachbarn

a wie wir Ihnen dabei helfen können.
b berät Sie gern.
c über unsere günstigen Preise.
d und Pflanzenfreund,
e werden grün vor Neid!
f in unseren aktuellen Farbkatalog.
g und überzeugen sich persönlich.
h was zur Pflanzenpflege und Gartengestaltung dazugehört.
i eine riesige Auswahl an Pflanzen an.
j steht vor der Tür.
k wie Sie Ihren Garten verschönern wollen.

Übung 2 Setzen Sie die fehlenden Wörter ein.

wünscht
höchste
dabei sein
Schritt
selbst
Erfüllen
geht
Gewinnchance
bis
Glückspilz
endlich
glückliche
nämlich
steuerfrei
für

Sehr geehrter Herr Vogel,

Sie sind schon ein __________! Wir haben __________ extra für Sie eine Losnummer reserviert.

Bei der 96. Ausspielung der Oberschwäbischen Klassenlotterie sollten Sie wirklich __________. Denn mit über 696 Millionen DM und 40,1 % __________ hat die OSCHKL weltweit die ________ Gewinnausschüttung aller Klassenlotterien. Jeden Freitag ________ es um Millionen, Woche _____ Woche! Aber sehen Sie __________ :
1 x 10 Millionen DM, 26 x 2 Millionen DM, 27 x 1 Million DM, 260 x 100 000 DM, sowie über 600 000 Gewinne __________ 80 000 DM. Und alles __________. Machen Sie den ersten __________ in eine __________ und sorgenfreie Zukunft. __________ Sie sich __________ Ihre Wünsche.

Viel Glück ________ Ihnen
Ihr staatlicher Lotterie-Einnehmer
Dr. Richard Schäuble

Grammatik

Trennbare und untrennbare Verben

Beim Lesen des Werbebriefes der Laborgerätebörse ist Ihnen vielleicht aufgefallen, dass darin viele Verben vorkommen, die komplex sind, d. h., die aus mehreren Teilen bestehen wie *senden … zu, rufen … an, enthalten, befinden.*
Man unterscheidet zwischen trennbaren Verben und untrennbaren Verben.

Die häufigsten untrennbaren Präfixe sind:

be-	begleiten	ge-	gehören
ent-	entfernen	ver-	verhandeln
er-	erkennen	zer-	zerstören

Im Infinitiv liegt der Akzent bei den trennbaren Verben immer auf dem Präfix (*ánrufen*), bei den untrennbaren Verben auf dem Grundwort (*befínden*).
Im Hauptsatz steht das Präfix der trennbaren Verben am Satzende; das Präfix der untrennbaren Verben bleibt immer fest mit dem Verb verbunden.

Übung 3 Bilden Sie Sätze im Präsens.
Welche Aufgaben hat eine Werbeassistentin?

neue Produkte anbieten — Sie bietet neue Produkte an.

1 die Geschäftspartner anschreiben ____________________

2 Werbebriefe verschicken ____________________

3 die Kunden überzeugen ____________________

4 das Faxgerät bedienen ____________________

5 die Sitzung vorbereiten ____________________

6 Angebote vergleichen ____________________

7 Telexe abschicken ____________________

8 Projekte entwerfen ____________________

9 die Kunden beraten ____________________

10 die Gäste abholen ____________________

11 die Besucher anmelden ____________________

12 Termine vereinbaren ____________________

Ein einfaches Verb kann mit verschiedenen Präfixen verbunden sein und hat dann verschiedene Bedeutungen. Aus *arbeiten* lassen sich z. B. folgende Verben bilden: *bearbeiten, verarbeiten, aufarbeiten, nacharbeiten, mitarbeiten, überarbeiten, ausarbeiten.*

Übung 4 Setzen Sie diese sieben Verben in den folgenden Text ein.

Diesen Text ______________ wir jetzt schon zum fünften Mal, aber die endgültige Fassung steht immer noch nicht. Bei der französischen Version soll Frau Bovary ______________, weil sie den Markt in Frankreich sehr gut kennt. Den Plan für die Produktion im nächsten Quartal sollten wir heute auch noch ______________.
Herr Franke war drei Wochen in Urlaub, da ist viel liegen geblieben. Jetzt muss er den Berg auf seinem Schreibtisch ______________. Heute geht er allerdings früher nach Hause, dafür bleibt er morgen länger und ______________ _______.
Wir ______________ nur das feinste Leder für unsere hochwertigen Produkte. Man kann dieses Material auch nicht mit normalem Werkzeug ______________, weil es dafür zu empfindlich ist.

Bildung des Partizips II

Bei den meisten Verben wird das Partizip II mit dem Präfix *ge-* und der Endung *-t* (schwache Verben) oder *-en* (starke Verben) gebildet.
Ohne das Präfix *ge-* wird das Partizip II aller untrennbaren Verben und der meisten Verben auf *-ieren* gebildet.

	schwache Verben			**starke Verben**		
	kaufen	→	*ge*kauf*t*	kommen	→	*ge*kommen
trennbare Verben	einkaufen	→	ein*ge*kauf*t*	ankommen	→	an*ge*komm*en*
untrennbare Verben	verkaufen	→	verkauf*t*	bekommen	→	bekomm*en*
Verben auf *-ieren*	telefonieren	→	telefonier*t*			

Übung 5 Setzen Sie alle Sätze, die Sie in der Übung 3 gebildet haben, ins Perfekt.

Was hat die Werbeassistentin gestern gemacht?
→ Sie hat neue Produkte angeboten.

1 ____
2 ____
3 ____
4 ____
5 ____
6 ____
7 ____
8 ____
9 ____
10 ____
11 ____
12 ____

Übung 6 Bilden Sie das Partizip Perfekt der folgenden Verben und tragen Sie sie in die Tabelle ein.

ohne Präfix	trennbar	untrennbar
___	___	___
___		___
___		___
		___
		___

verbinden	verkaufen	entwickeln
einhalten	erreichen	tun
sagen	erleben	stornieren

Übung 7 Setzen Sie die Partizipien aus der Übung 6 in den folgenden Text ein. Wenn das Partizip vor einem Nomen steht, deklinieren Sie es wie ein Adjektiv.

Für Handwerker, Geschäftsleute, Außendienstmitarbeiter und einige andere Leute müssen Sie eigentlich immer und überall erreichbar sein. Aber das ist leichter ___________ als ___________ , denn auch Mobiltelefone bereiten gelegentlich Schwierigkeiten. Dann können Sie weder ___________ werden, noch können Sie Ihre Nachrichten weitergeben. Die Aktien sollen ___________ werden, der Termin kann nicht ___________ werden, der Flug muss ___________ werden – und wenn Sie anrufen, sind Sie vielleicht auch noch falsch ___________ . Eine oft ___________ Situation? Jetzt gibt es die richtige Lösung für Ihr Problem, nämlich den neu ___________ Europort-Funkruf. Egal, ob Sie gerade installieren, delegieren, korrigieren oder nur herumspazieren – Sie sind immer erreichbar.

Brieftraining

Brief I

Sie sind:	Ikarus Direktversicherung
Sie schreiben an:	Studenten im ersten Semester
Sie wollen:	besonders günstige Autoversicherungen anbieten

Brief II

Sie sind:	Kaufhaus H & O
Sie schreiben an:	Hausfrauen
Sie wollen:	auf die neue Sommerkollektion auch in Übergrößen hinweisen

Wichtig

- Vermeiden Sie den Eindruck, dass es sich um gewöhnliche Reklame handelt.
- Sprechen Sie den Kunden persönlich an.
- Wecken Sie sein Interesse.
- Versuchen Sie nicht den Kunden zu überreden, sondern überzeugen Sie ihn durch gute Argumente.
- Das beste Argument sind immer noch handfeste Vorteile für den Kunden.
- Schlagen Sie einen persönlichen Kontakt (Telefongespräch, Kundenbesuch) vor.

Hörtraining

Das chemische Labor Explo hat den Werbebrief der Laborgerätebörse bekommen, allerdings fehlt die Preisliste. Da Explo schon gute Erfahrungen mit den Analysengeräten der Laborgerätebörse gemacht hat und sich über die neuesten Preise informieren will, ruft Herr Stahl, der Einkäufer, bei der Laborgerätebörse an.

Übung 8 Hören Sie das Gespräch und beantworten Sie die Fragen.

1 Warum hat Herr Stahl so viel Arbeit?
2 Wie lange wird der Urlaub von Frau Brummer dauern?
3 Wo will Frau Brummer ihren Urlaub verbringen?
4 Woher weiß Frau Brummer, dass das Wetter in Spanien zur Zeit sehr angenehm ist?
5 Warum braucht Herr Stahl die kompletten Unterlagen (mit Preisliste)?
6 Wird Frau Brummer der Versandabteilung sagen, dass die Preisliste an Herrn Stahl nachgeschickt werden soll?

Übung 9 Hören Sie das Gespräch noch einmal.

1 Herr Stahl und Frau Brummer kennen sich. Woran merkt man das?
2 Welche Bedeutung hat der Satz: „Da geht's bei uns rund"?
3 Wenn ein Mitarbeiter in Urlaub ist und ein Kollege erledigt während der Abwesenheit seine Arbeit – wie nennt man das auf Deutsch?
Tipp: Der Begriff wird von Frau Brummer gegen Ende des Telefongesprächs verwendet.

Bitte achten Sie auf folgenden Unterschied:

jemandem Bescheid sagen/geben = jemanden informieren	*Ich sage/gebe ihm so bald wie möglich Bescheid.*
Bescheid wissen = informiert sein	*Vielen Dank, ich weiß Bescheid.*

5 Nachfassbrief

Nicht jeder Kunde reagiert gleich auf Ihr erstes Angebot. Das ist aber kein Grund zum Resignieren. Sie müssen dann eben *nachfassen*: Sie bringen sich beim Kunden in Erinnerung, indem Sie Ihr Angebot nochmals präsentieren.

- Entweder rufen Sie den Kunden an (vor allem nach einem verlangten Angebot) oder
- Sie setzen sich schriftlich (Brief, Fax) mit ihm in Verbindung.

So oder so wollen Sie natürlich erfahren, warum er nicht bestellt hat. Nicht ungeschickt ist es, wenn Sie sagen, welche Gründe Sie selbst vermuten. Danach machen Sie noch einmal die Hauptvorteile Ihrer Ware und Ihres Angebots deutlich. Geben Sie dem Kunden ein zusätzliches Argument an die Hand, warum er doch noch und gerade bei Ihnen bestellen soll. Schlagen Sie ihm beispielsweise einen Vertreterbesuch vor, damit er die Ware persönlich prüfen kann, oder bieten Sie noch eine Sonderkondition an. Erwähnen Sie vielleicht auch die positive Resonanz auf Ihre Ware bei anderen Kunden.

Sie müssen sich dabei sehr vorsichtig verhalten: Gerade weil der Kunde (noch) kein Interesse an Ihrem Angebot hat, sollten Sie alles vermeiden, was aufdringlich wirken könnte. Wenn Sie dem Adressaten auf die Nerven gehen, war alle Mühe umsonst.

Chemische Werke Hans Höhn

Chemische Werke Hans Höhn
Van-der-Smissen-Straße 4 · 22676 Hamburg

Möbelwerke
Wohnlich & Co. GmbH
Mönckebergstr. 5

34121 Kassel

1.3.19..

Giftfreie Holzlacke

Sehr geehrte Damen und Herren,

vor etwa einem Monat informierten wir die professionellen Anwender von Holzlacken über unsere neue Holzlackserie Xylo-Safe. Wir sind damit auf großes Interesse gestoßen. Zahlreiche Großanwender haben sich bereits für unser Produkt entschieden – und damit auch für die Umwelt: Xylo-Safe erfüllt schon heute alle gesetzlichen Auflagen von morgen. Da versteht es sich fast von selbst, dass auch ständiges Arbeiten mit Xylo-Safe für die Gesundheit absolut unschädlich ist.

Sie wissen, dass konventionelle Holzlacke schon bald verboten werden. Wir möchten Ihnen gern helfen Ihre Produktion kostengünstig umzustellen.

In der nächsten Woche ist unser Beratungsingenieur, Herr Wurm, im Raum Kassel unterwegs. Er könnte Sie dann besuchen und ausführlich über unsere neue Holzlackserie informieren.

Herr Wurm wird sich in den nächsten Tagen mit Ihnen in Verbindung setzen.

Mit freundlichen Grüßen

Chemische Werke
Hans Höhn

Herzog

i. V. Herzog

Hueber

Max Hueber Verlag
Max-Hueber-Straße 4
D-85737 Ismaning

Telefon (0 89) 96 02-0
Telefax (0 89) 96 02-3 58

Max Hueber Verlag   Postfach 11 42   D-85729 Ismaning

Blink AG
Schulungszentrum
Herrn Dr. Albert Kühn
Postfach 72 72 27

54376 Trier

28. 2. 19..

Lehrwerk WIRTSCHAFTSROULETTE

Sehr geehrter Herr Dr. Kühn,

kurz vor Weihnachten haben wir Ihnen ein persönliches Exemplar unseres neuen Lehrwerks für die Berufssprache WIRTSCHAFTSROULETTE zugeschickt.

Sie konnten sich zwischenzeitlich sicherlich davon überzeugen, dass Konzeption, Inhalt und Themen dieses Lehrwerks den Erfordernissen in den Kursen des Blink AG-Schulungszentrums genau entsprechen.

Ihre Meinung interessiert uns sehr. Wir würden uns deshalb freuen, wenn Sie auf beiliegendem Fragebogen ein kurzes Urteil über Ihren Gesamteindruck von WIRTSCHAFTSROULETTE abgeben würden.

Als kleines Dankeschön für Ihre Unterstützung legen wir Ihnen ein Sprachposter mit Szenen aus unterschiedlichen Wirtschaftsbereichen und Vorschlägen für die Verwendung im Unterricht bei.

Mit freundlichen Grüßen

MAX HUEBER VERLAG

Lektorat Fachsprachen

Anlage: Fragebogen, Sprachposter

USt(VAT)-Id-Nr. DE 130 002 447 · Bayerische Vereinsbank München (BLZ 700 202 70) Kto. 36 102 500 · Postbank München (BLZ 700 100 80) Kto. 362 38-803
Max Hueber Verlag GmbH & Co. KG, Amtsgericht München: HRB 49304 · Persönlich haftende Gesellschafterin: Sprachen-Hueber-Verlagsges.mbH,
Amtsgericht München: HRB 45498 · Sitz der Gesellschaften: Ismaning · Geschäftsführer: Michaela Hueber, Wolf Dieter Eggert

Formulierungstraining

Übung 1 Suchen Sie die Sätze heraus, die eine ähnliche Bedeutung haben.

1 Vor einem Monat informierten wir Sie über unsere neuen Produkte.

2 Auf unser Angebot haben Sie leider nicht geantwortet.

3 Vielleicht haben Sie unter den Artikeln noch nicht das Richtige gefunden.

4 Wir können Ihnen heute ein ganz besonderes Angebot machen.

5 Wir bekommen ständig positive Rückmeldungen von unseren Kunden.

6 Wir freuen uns, dass wir Ihnen in der Zeit vom 1. 3. bis 31. 5. einen zusätzlichen Rabatt von 15% gewähren können.

7 Unser Fachberater besucht Sie gern.

8 Wir hoffen, bald von Ihnen zu hören.

a Darüber hinaus können Sie jetzt noch günstiger bei uns einkaufen.

b Das Echo war bislang äußerst positiv.

c Ein Mitglied unseres Beratungsteams steht Ihnen für ein persönliches Gespräch jederzeit zur Verfügung.

d Vor einiger Zeit haben wir Ihnen unseren Neuheiten-Prospekt zugeschickt.

e Am besten, Sie rufen einfach bei uns an.

f Sie hatten vermutlich noch keine Zeit, sich unser Angebot genauer anzusehen.

g Leider haben wir bis heute keine Antwort von Ihnen erhalten.

h Wir haben uns etwas ganz Besonderes für Sie ausgedacht.

1							
d							

Übung 2 Setzen Sie die fehlenden Wörter ein.

vorbeikommen
erhalten
Sensation
Termin
über
entschließen
Gerät
wissen
Eigenschaften
interessant
Rabatt
zugeschickt
lässt
zufrieden
letzten
Messe

Sehr geehrte Frau Asböck,

vor etwa sechs Wochen haben wir Ihnen ein Angebot __________ unsere neuen Faxgeräte __________. Leider haben wir von Ihnen bis jetzt noch keine Antwort __________. Kann es sein, dass Sie mit unserer __________ Lieferung nicht __________ waren? Sollte das der Fall sein, lassen Sie uns das bitte __________.

Ganz besonders __________ ist unser neues Modell Fujikato NH-X 1000. Es __________ sich mit den meisten Computern der neuesten Generation kombinieren und war die __________ auf der letzten Büroartikel-__________ in Hannover.
Vielleicht darf unser Mitarbeiter, Herr Landmann, in den nächsten Tagen einmal bei Ihnen __________.
Er kann Ihnen dann das __________ mit all seinen revolutionären __________ vorführen. Bitte geben Sie ihm einen __________.

Wenn Sie sich bis Ende des Monats zu einer Bestellung __________, können wir Ihnen bei einer Bestellung ab 20 Stück einen __________ von 10% gewähren.

Mit freundlichen Grüßen

Übung 3 Rekonstruieren Sie den Brief.

Ein Druckmaschinenhersteller in Bayern hat auf Anfrage ein Angebot nach Bombay geschickt, das bisher ohne Resonanz geblieben ist.

Sehr geehrter Herr Nehrut,

vor ca. acht Wochen haben wir Ihnen ein Angebot ● Wir nehmen an, dass Sie sich noch nicht entschließen konnten, ● über unsere Druckmaschinen gemacht. ● nicht darauf geantwortet. ● Leider haben Sie bisher ● weil Sie die Neuerungen unseres 97er Programms abwarten wollten.

Nun, jetzt ist es so weit.

Unseren Technikern ist es gelungen, ● Trotz dieses Fortschritts ● und den Wartungsaufwand weiter zu reduzieren. ● konnten wir die Preise stabil halten. ● die Druckgeschwindigkeit nochmals zu erhöhen

Sollten Sie eher an ● Zur besseren Information schicken wir Ihnen ● Wir hoffen, ● unseren 96er Modellen interessiert sein – ● eine ausführliche technische Beschreibung der neuen Modelle mit. ● bald von Ihnen zu hören ● zu sehr günstigen Konditionen auf Lager. ● wir haben noch einige Maschinen

Mit freundlichen Grüßen

Grammatik

Bildung des Perfekts

Das Perfekt wird mit *haben* oder *sein* und dem Partizip II (siehe Kapitel 4, Seite 42) gebildet.

Die meisten Verben bilden das Perfekt mit *haben*.

- Alle Verben, die ein Akkusativobjekt haben:
  Vor einiger Zeit haben wir Ihnen unseren Prospekt zugeschickt.
- Alle reflexiven Verben:
  Vielleicht haben Sie sich unser Angebot noch nicht angesehen.

Das Perfekt mit *sein* bilden

- Verben, die eine räumliche Veränderung bezeichnen:
  Frau Heese ist gestern zur Buchmesse nach Frankfurt geflogen.
- Verben, die eine Zustandsveränderung bezeichnen:
  Nach dem Tag auf der Messe ist sie abends schnell eingeschlafen.
- sowie die Verben *sein, bleiben, geschehen, gelingen, misslingen, vorkommen*.

Übung 4 Ergänzen Sie die Formen von *haben* oder *sein*.

1 Frau Heese ______ am Sonntag um 9 Uhr in Frankfurt angekommen.

2 Nachmittags ______ sie durch die ganze Stadt gewandert.

3 Dabei ______ sie sich in der Innenstadt verlaufen.

4 Zuerst ______ sie selbst versucht den richtigen Weg zum Hotel zu finden.

5 Das ______ ihr aber nicht gelungen.

6 Dann ______ sie einen Passanten gefragt, der ihr aber auch nicht den richtigen Weg gezeigt ______ .

7 Schließlich ______ sie dann ein Taxi gerufen und ______ so zum Hotel zurückgefahren.

8 Am Montag ______ sie auf der Buchmesse gewesen und ______ sich über die wichtigsten Neuerscheinungen informiert.

9 Am Dienstag ______ sie mit zwei Autoren gesprochen und ______ mit ihnen zum Essen gegangen.

10 Am Dienstagnachmittag ______ sie sich verspätet, denn sie ______ zu lange beim Stand eines Fremdsprachenverlags geblieben.

11 Ihre Verhandlungen ______ insgesamt gut verlaufen, denn sie ______ zwei Verträge erfolgreich abgeschlossen.

12 Abends ______ sie todmüde nach München zurückgeflogen.

Übung 5 Ergänzen Sie die Antworten im Perfekt. Verwenden Sie dabei Pronomen.

Wann beginnt die Konferenz? Sie hat schon begonnen.

1 Wann kommt der Intercity an? ____________
2 Wann rufen Sie Herrn Nehrut an? ____________
3 Wann schreiben Sie an die Firma Explo? ____________
4 Wann teilen Sie uns Ihre Lieferbedingungen mit? ____________
5 Wann unterschreibt Frau Heese den Vertrag? ____________
6 Wann bucht Herr Schneider den Flug? ____________
7 Wann fliegt Frau Heese nach Frankfurt? ____________
8 Wann landet ihre Maschine in München? ____________
9 Wann kopieren Sie diese Unterlagen? ____________
10 Wann findet die Sitzung statt? ____________

Perfekt oder Präteritum?

Es ist Ihnen sicher aufgefallen, dass in den Musterbriefen häufiger das Perfekt als das Präteritum verwendet wird. Wenn Sie selbst Briefe schreiben oder telefonieren – und dabei eine Vergangenheitsform brauchen –, verwenden Sie ebenfalls vor allem das Perfekt.

Um die Vergangenheit auszudrücken, sollten Sie aber das Präteritum immer verwenden bei den Verben
- *haben* und *sein*
- *dürfen, können, mögen, müssen, sollen* und *wollen* (Modalverben).

Übung 6 Setzen Sie die folgenden Sätze ins Präteritum.

1 Leider muss ich den Termin am Montag absagen, weil ich kurzfristig verhindert bin.
2 Herr Müller will sich bei seinem Besuch in Paris mit den französischen Geschäftspartnern treffen, um den Vertrag zu unterzeichnen.
3 Im Konferenzraum darf man nicht rauchen.
4 Wer mag, kann am Nachmittag die Ausstellung besuchen.
5 Zwei unserer Manager sind in Kopenhagen. Sie sollen dort in einem Intensivkurs Dänisch lernen.
6 Alle Firmen haben im Herbst die Möglichkeit ihre neuesten Erzeugnisse der Öffentlichkeit vorzustellen.
7 Wir müssen den Kunden mitteilen, dass die bestellten Waren nicht lieferbar sind.
8 Frau Kraus muss dringend nach Hamburg fahren. Sie ist deshalb den ganzen Tag nicht zu erreichen.

Temporalsätze: wenn – als

	einmalige Handlung
Gegenwart/Zukunft	*Wenn* Frau Heese nächste Woche nach Frankfurt fährt, besucht sie ihre Freundin.
Vergangenheit	*Als* Frau Heese in Frankfurt war, hat sie ihre Freundin besucht.
	mehrmalige Handlung
Gegenwart/Zukunft	Immer *wenn* Frau Heese in Frankfurt ist, wohnt sie im Hotel „Mirador".
Vergangenheit	Immer *wenn* Frau Heese in Frankfurt war, hat sie im Hotel „Mirador" gewohnt.

Die Temporalsätze antworten auf die Frage: *Wann ...?*

Übung 7 Ergänzen Sie *wenn* oder *als.*

1 ______ sie kürzlich in Frankfurt war, hat sie sich in der Innenstadt verlaufen.
2 ______ Sie in Frankfurt sind, sollten Sie unbedingt die Paulskirche besichtigen.
3 Besuchen Sie unseren Stand, ______ Sie auf der Buchmesse sind.
4 ______ ich gestern Herrn Nehrut sprechen wollte, war sein Telefon ständig besetzt.
5 Ich habe vorhin mit Herrn Rörlich gesprochen. Seine Sitzung war schon vorbei, ______ ich bei ihm angerufen habe.
6 Ich rufe Sie an, ______ ich hier fertig bin.
7 Frau Bovary war etwas nervös, ______ sie mit der deutschen Firma telefoniert hat.
8 ______ sie Deutsch spricht, konzentriert sie sich besonders auf die Aussprache.

Brieftraining

Brief I

Sie sind:	Sherry-Exporteur Buergo, Sevilla, Spanien
Sie schreiben an:	Weingroßhandlung Reisch, Augsburg, Deutschland
Sie wollen:	nachfragen, was aus Ihrem Angebot über die Lieferung von 200 Flaschen Sherry (siehe Brieftraining Kapitel 3, Seite 35) geworden ist.

Brief II

Sie sind:	Italfisch-Konservenfabrik, Neapel, Italien
Sie schreiben an:	Aro Catering-Service, Köln, Deutschland
Sie wollen:	wissen, warum dieser ehemalige Großabnehmer seit einiger Zeit nicht mehr Ihre Fischpaste kauft.

Wichtig

- Fragen Sie den Kunden nach dem Grund der ausbleibenden Bestellung.
- Nennen Sie selbst mögliche Gründe für das Ausbleiben der Bestellung.
- Stellen Sie die besonderen Vorteile Ihrer Waren dar.
- Machen Sie dem Kunden ein Angebot mit verbesserten Bedingungen.
- Bieten Sie verstärkt Beratung an.
- Aber: Drängen Sie sich dem Kunden nicht auf.

Hörtraining

Die Firma Speckner produziert Fleischwaren. In einer Strategiesitzung beschließt die Verkaufsabteilung, potentielle Großkunden durch eine intensive Telefonaktion zu gewinnen. Die Marketingassistentin, Frau Lochner, spricht mit dem stellvertretenden Leiter des Seniorenheims „Theatinum" in Starnberg, Herrn Andergast.

Übung 8 Hören Sie das Gespräch und kreuzen Sie an.

	ja	nein
1 Ist die Firma Speckner ein großes Unternehmen?	☐	☐
2 Findet Herr Andergast die Preise der Firma Speckner zu hoch?	☐	☐
3 Verkauft die Firma ihre Produkte auch an andere Seniorenheime?	☐	☐
4 Essen die Bewohner des Seniorenheims „Theatinum" viel Fleisch?	☐	☐
5 Ist Herr Andergast mit einer Testaktion einverstanden?	☐	☐

Übung 9 Hören Sie das Gespräch noch einmal und beantworten Sie die Fragen.

1 Warum wurde Frau Lochner mit Herrn Andergast verbunden?
2 Wie bezeichnet Herr Andergast die Preise der Firma Speckner?
3 Warum hat Herr Andergast bislang keine Waren bei der Firma Speckner bestellt?
4 Welche Fleischsorte aus dem Angebot der Firma Speckner empfiehlt Frau Lochner für Seniorenheime besonders?
5 Welche drei vorteilhaften Eigenschaften hat dieses Fleisch?

Übung 10 Frau Lochner lässt Herrn Andergast nicht ausreden und verhält sich ziemlich aufdringlich am Telefon. Finden Sie heraus, woran dies erkennbar ist und diskutieren Sie das Verhalten von Frau Lochner in der Gruppe.

6

Auftrag/Bestellung – Widerruf

Wenn Ihnen das erhaltene Angebot gefällt, dann erteilen Sie einen Auftrag oder bestellen, wobei *Bestellung* und *Auftrag* zwei Namen für dieselbe Sache sind. Nach einer telefonischen Bestellung sollten Sie Ihren Auftrag sofort schriftlich bestätigen. So kann es gar nicht erst zu Missverständnissen kommen.

Juristisch unterscheidet man zwischen zwei Arten von Aufträgen:
- Ihr Auftrag bezieht sich auf ein freibleibendes Angebot. Dann haben nur Sie sich verpflichtet; das Zustandekommen eines Kaufvertrages hängt vom Lieferanten ab. Das bedeutet, dass er die Bestellung annehmen oder ablehnen kann (siehe Kapitel 7).
- Sie nehmen ein festes Angebot an und begründen damit einen Kaufvertrag. Der Lieferant muss liefern, Sie müssen die Ware abnehmen und bezahlen.

Es sei denn, Sie *widerrufen* Ihren Auftrag, weil Sie ihn aus bestimmten Gründen
- nachträglich ändern oder
- ganz zurückziehen wollen.

Aber Vorsicht: Ihr Widerruf ist nur dann rechtlich wirksam, wenn der Lieferant ihn vor oder spätestens gleichzeitig mit dem Auftrag erhält. Aus diesem Grund widerrufen Sie am besten per Fax.

Musterbriefe

AVENTURA
ARTICOLOS
DEPORTIVOS

Korbinian Becker
Calle Calderón de la Barca, 1
E-41003 Sevilla
Tel.: (5) 421 00 6-31
Fax: (5) 421 00 6-17

Aventura · Calle Calderón de la Barca, 1 · E-41003 Sevilla

Asia-Sport
Vertrieb für Sportartikel
Augsburger Str. 16-18

D-86316 Friedberg

18.11.19..

Auftrag

Sehr geehrte Damen und Herren,

wir danken Ihnen für Ihr Angebot vom 10.11.19.. sowie die zugeschickten Muster und bestellen:

300 Handbälle, Nr. 679, Preis DM ... pro Stück
200 Basketbälle, Nr. 886, Preis DM ... pro Stück
150 Fitness-Handschuhe, Nr. 1076, Preis DM ... pro Stück

Liefern Sie bitte binnen 6 Wochen frei Haus. Bei Bezahlung innerhalb von zwei Wochen ziehen wir 2% Skonto ab. Bitte senden Sie uns eine Auftragsbestätigung zu.

Mit freundlichen Grüßen

Mercedes Panadero

Mercedes Panadero

AVENTURA ARTICOLOS DEPORTIVOS

FAX

Calle Calderón de la Barca, 1
E-41003 Sevilla

Tel.: (5) 421 00 6-31
Fax: (5) 421 00 6-17

Fecha: 20.11.19..
Total de páginas: 1

Asia-Sport
Vertrieb für Sportartikel

Fax 0749-821-6016299

Unsere Bestellung vom 18.11.

Sehr geehrte Damen und Herren,

leider müssen wir unsere Bestellung vom 18.11.19.. teilweise widerrufen, da wir noch genügend Fitness-Handschuhe auf Lager haben.

Für die beiden anderen Posten (300 Handbälle und 200 Basketbälle) erhalten wir unsere Bestellung selbstverständlich aufrecht.

Mit freundlichen Grüßen

Mercedes Panadero

Mercedes Panadero

Formulierungstraining

Übung 1 Setzen Sie die Satzteile richtig zusammen.

1	c

1 Wir danken Ihnen
2 Wir haben Ihre Mustersendung geprüft
3 Wir bitten Sie
4 Wir benötigen die Ware
5 Bitte liefern Sie an
6 Bei Bezahlung binnen 3 Wochen
7 Bitte verpacken Sie

a unsere Spedition Dengler.
b die Ware als Geschenkartikel.
c für Ihr Angebot.
d ziehen wir 2,5% Skonto ab.
e und bestellen:
f unbedingt noch vor Weihnachten.
g um sofortige Bestätigung unseres Auftrags.

Übung 2 Setzen Sie die fehlenden Wörter ein.

Rücksprache
annehmen
wie
abholen
für
nennen
bestelle
spätestens
Ziel
vom
frühesten
bestätigen
Auftrag
gewähren

Sehr geehrte Frau Bueno,

vielen Dank ______ Ihr Angebot ______ 17.09.19..
Nach ___________ mit unserem technischen Direktor ___________ ich:

100 Aquatherm Latentwärmespeicher, Best.-Nr. 342a, zum Preis von DM ... pro Stück

Bitte ___________ Sie mir diesen ___________ so schnell ______ möglich und ___________ Sie mir den ___________ Termin, zu dem wir die Ware mit unserem LKW ___________ können. Sie muss ___________ am 1.11. in unseren Händen sein, sonst können wir sie nicht mehr ___________.

Für die Bezahlung ___________ Sie uns bitte 30 Tage ___________.

Mit freundlichen Grüßen

Übung 3 Bringen Sie die Textteile in die richtige Reihenfolge.

1 Der Kunde, für dessen Bauprojekt wir die Bagger benötigten,

2 wären wir Ihnen für eine Stornierung der Bestellung dankbar.

3 Wenn Sie uns in dieser Sache entgegenkommen,

4 ist zahlungsunfähig geworden.

5 Wir haben bei Ihnen am 14. 1. 19 . .

6 haben wir diesen Auftrag widerrufen.

7 Trotz Ablaufs der Widerrufsfrist

8 Durch die Abnahme der Geräte

9 können Sie bald mit neuen Aufträgen rechnen.

10 Mit unserem gestrigen Fax

11 würden auch wir in ernsthafte Zahlungsschwierigkeiten kommen.

12 drei Bagger bestellt.

5											

Grammatik

Bedingungssätze

Nehmen wir folgende Situation an: Sie wollen drei neue Fotokopierer kaufen und haben ein Angebot eingeholt. Sie prüfen es; die Bedingung (gutes Angebot) muss erfüllt sein, bevor die Folge (Ihr Auftrag/Ihre Bestellung) eintreten kann.

wenn-Satz: Bedingung	Hauptsatz: Folge
Wenn Ihnen das Angebot gefällt,	(dann) bestellen Sie.

Der *wenn*-Satz ist ein Nebensatz, das konjugierte Verb steht am Satzende. Oft sind Bedingungssätze und Temporalsätze mit *wenn* nicht eindeutig voneinander zu unterscheiden. Reine Bedingungssätze antworten auf die Frage: *Unter welcher Bedingung ...?*

Übung 4 Suchen Sie in den folgenden Sätzen die Bedingung und die Folge. Verbinden Sie dann die beiden Sätze. Beginnen Sie jeweils mit: *Wenn …*

1. Sie geben uns 15% Rabatt. Wir bestellen die Kopierer bei Ihnen.
2. Wir können Ihnen preislich entgegenkommen. Sie geben uns den Auftrag.
3. Sie bekommen Sonderkonditionen. Sie entscheiden sich bald.
4. Sie rufen uns an. Sie haben an unserem Angebot Interesse.
5. Die gelieferten Waren sind von guter Qualität. Sie können mit weiteren Aufträgen rechnen.
6. Die Firma nimmt das Angebot an. Sie schließt damit einen Kaufvertrag ab.
7. Wir können bald mit den neuen Kopierern arbeiten. Die Firma Canon liefert in Kürze.
8. Wir können die Ware nicht mehr annehmen. Die Firma liefert zu spät.
9. Der Kunde zahlt nicht pünktlich. Wir können ihm keinen Rabatt gewähren.
10. Die Firma verpackt die Ware nicht sachgemäß. Wir nehmen die Lieferung nicht an.

Haben Sie die Angebote verglichen, dann bestellen Sie.

Die Bedingungssätze können auch mit dem Verb beginnen; *wenn* fällt in diesem Fall weg. Die Bedingung steht dann immer an erster Stelle.

Übung 5 Formulieren Sie die Sätze um. Beginnen Sie jeweils mit dem konjugierten Verb und verwenden Sie *dann* im Hauptsatz.

1. Man nimmt ein festes Angebot an. Man muss die Ware abnehmen und bezahlen.
2. Wir können Ihnen preislich entgegenkommen. Sie geben uns den Auftrag.
3. Die gelieferten Waren sind von guter Qualität. Sie können mit weiteren Aufträgen rechnen.
4. Die Firma nimmt das Angebot an. Sie schließt damit einen Kaufvertrag ab.
5. Wir können die Ware nicht mehr annehmen. Die Firma liefert zu spät.

Sollten Ihre Preise konkurrenzfähig sein, erhalten Sie größere Aufträge.

Der Bedingungssatz kann auch mit dem Modalverb *sollen (sollte …)* beginnen; *wenn* fällt dann weg. Die Bedingung steht immer an erster Stelle.

Übung 6 Formulieren Sie die Sätze um. Beginnen Sie jeweils mit: *Sollte ...*

1 Sie bekommen Sonderkonditionen. Sie entscheiden sich bald.

2 Sie rufen uns an. Sie haben an unserem Angebot Interesse.

3 Wir können bald mit den neuen Kopierern arbeiten. Die Firma Canon liefert in Kürze.

4 Der Kunde zahlt nicht pünktlich. Wir können ihm keinen Rabatt gewähren.

5 Die Firma verpackt die Ware nicht sachgemäß. Wir nehmen die Lieferung nicht an.

bei + Nomen im Dativ	*wenn*-Satz + Verb
Bei Bezahlung innerhalb von zwei Wochen können Sie 2% Skonto abziehen.	*Wenn* Sie innerhalb von zwei Wochen *bezahlen,* können Sie 2% Skonto abziehen.

Hier handelt es sich um eine Frage des Stils: Die Formulierung mit dem *wenn*-Satz wirkt lebendiger und persönlicher. Falls bereits viele Nebensätze im Kontext vorkommen – oder wenn der Text kurz sein soll – wählen Sie die Formulierung mit Präposition.

Übung 7 Formulieren Sie die Sätze um. Beginnen Sie jeweils mit: *Wenn ...* (Nr. 1 bis 5) oder: *Bei ...* (Nr. 6 bis 10).

1 Bei Nichtgefallen kann die Ware umgetauscht werden.

2 Achten Sie beim Versand der Ware auf sachgemäße Verpackung.

3 Bei sorgfältiger Pflege haben Sie lange Freude an dem Gerät.

4 Bei regelmäßigem Training stellt sich ein positiver Effekt ein.

5 Bei weiteren Fragen wenden Sie sich an unser Team.

6 Wenn Sie Interesse haben, rufen Sie uns bitte an.

7 Wenn Sie den Vertrag abschließen, werden auch die Zahlungsmodalitäten geregelt.

8 Wenn Sie unser Fitness-Studio regelmäßig besuchen, bekommen Sie einen Treuebonus.

9 Unser Trainer berät Sie gerne, wenn Sie Sonderwünsche haben.

10 Wenn Sie Mängel feststellen, müssen Sie sofort reklamieren.

Präpositionen

Übung 8 Ergänzen Sie die Präpositionen.

mit
auf
um
zwischen
für
über
Mit
zur
für
auf
nach
von

Wir beziehen uns ________ Ihr Schreiben vom 30.5. und danken Ihnen ________ Ihr Angebot. Bevor wir eine verbindliche Bestellung aufgeben können, bitten wir Sie aber ________ einige weitere Informationen.

Das Probegerät, das Sie uns ________ Verfügung gestellt haben, hat uns und unsere Kunden überzeugt, die Tastatur des Computers, ________ der der Benutzer sein individuelles Leistungsprofil einstellen kann, reagiert allerdings erst ________ heftigem Druck ________ die jeweiligen Tasten. Außerdem ist die Differenz ________ mittlerem und hohem Leistungsprofil nicht ausgeprägt genug.

Bevor wir uns ________ ein Gerät entscheiden, möchten wir uns ________ eventuelle Alternativmodelle informieren. Können Sie uns ________ Ihrer Seite noch andere Angebote machen?

Für eine baldige Antwort wären wir Ihnen sehr dankbar.

________ freundlichen Grüßen

Bitte achten Sie auf folgenden Unterschied:

zur Verfügung stellen	*Wir stellen Ihnen gerne unseren Firmenwagen zur Verfügung.*
zur Verfügung stehen	*Unser Firmenwagen steht Ihnen jederzeit zur Verfügung.*

Brieftraining

Brief I	Sie sind:	Autohaus Ibiza, Barcelona
	Sie schreiben an:	Bramus GmbH, Auspuffsysteme, Freiburg
	Sie wollen:	Bramus-Auspuffanlagen für Ihr Zubehörsortiment bestellen
Brief II	Sie sind:	Sie selbst
	Sie schreiben an:	eine deutsche Firma Ihrer Wahl
	Sie wollen:	etwas Ihrer Wahl für Ihre Firma in Auftrag geben
Brief III	Sie sind:	Versandhaus Niersteiner
	Sie schreiben an:	Textilfirma Zeus
	Sie wollen:	einen Auftrag über 1500 Nachthemden widerrufen

Wichtig

- Beziehen Sie sich auf das Angebot, die Empfehlung, die Zeitungsanzeige, den Vertreterbesuch etc.
- Beschreiben Sie genau, was, wie viel und zu welchem Preis Sie bestellen.
- Bestimmen Sie, wann und wie geliefert werden soll.
- Legen Sie fest, wie und wann Sie zahlen wollen.
- Vergessen Sie nicht Ihre Sonderwünsche, z. B. für die Verpackung.
- Bitten Sie um eine Auftragsbestätigung.
- Wenn Sie einen Auftrag widerrufen, dann handeln Sie schnell (am besten per Fax), damit Ihr Widerruf rechtzeitig beim Lieferanten eintrifft.

Hörtraining

Mercedes Panadero, die Assistentin von Korbinian Becker im Sportartikelgeschäft Aventura in Sevilla, hat gerade bei Asia-Sport in Deutschland Handbälle, Basketbälle und Fitness-Handschuhe bestellt und will die Faxkopie abheften. Da fällt ihr auf, dass sie auf dem Fax die falsche Bestellnummer für die Handschuhe angegeben hat. Um eine falsche Lieferung zu verhindern, ruft sie bei der Firma Asia-Sport an.

Übung 9 Hören Sie das Gespräch und beantworten Sie die Fragen.

1 Mit wem will Frau Panadero sprechen?
2 Mit welcher Abteilung wird sie verbunden?
3 Warum wird sie nicht gleich verbunden?
4 Welche Bestellnummer hat sie auf dem Fax angegeben?
5 Welche Farbe hat diese Nummer?
6 Welche Nummer will sie bestellen?
7 Welche Farben sind das?

Übung 10 Hören Sie das Gespräch noch einmal und beantworten Sie die Frage.

Herr Möllemann ist nicht besonders sympathisch. Woran merken Sie das? Notieren Sie drei Sätze.

____

____

____

7 Auftragseingang Annahme – Ablehnung

Annahme

Sie sind derjenige, bei dem bestellt wird. Nach Erhalt der Bestellung schicken Sie dem Kunden eine Auftragsbestätigung, damit es überhaupt zu einem Kaufvertrag kommt. Sie müssen das tun, wenn

- Ihr vorangegangenes Angebot unverbindlich war
- Sie gar kein Angebot vorgelegt haben
- der Kunde Ihr ursprüngliches Angebot modifiziert hat.

Eine schriftliche Auftragsbestätigung ist vor allem bei telefonischen Bestellungen wichtig. Solche Aufträge sind häufig eine Quelle von Missverständnissen – und zwar auf beiden Seiten.

Ablehnung

Bei Ihnen bestellt ein Kunde, jedoch können oder wollen Sie diesen Auftrag nicht ausführen. Zum Beispiel, weil der Kunde

- etwas bestellen will, was Sie gar nicht angeboten haben oder
- auf Ihr Angebot mit einem Gegenangebot zu veränderten Bedingungen reagiert hat.

Dann senden Sie dem Kunden eine schriftliche Ablehnung zu.

Hueber

Max Hueber Verlag
Max-Hueber-Straße 4
D-85737 Ismaning

Telefon (0 89) 96 02-0
Telefax (0 89) 96 02-3 58

Max Hueber Verlag Postfach 11 42 D-85729 Ismaning

BBE Verlag
Frau Bauer
Postfach 69 33 09

40278 Düsseldorf

13.3.19..

Auftragsbestätigung

Sehr geehrte Frau Bauer,

wir bestätigen Ihren Anzeigenauftrag

vom:	8.3.19..
Zeitschrift:	Zielsprache Deutsch
Ausgabe:	3/19..
Anzeigengröße:	75 x 225 mm
Platzierung:	rechte Seite, rechte Spalte
Preis:	... DM

Ihre Druckunterlagen erbitten wir bis zum 30. April 19..

Wir danken Ihnen für diesen Auftrag und wünschen Ihrer Anzeige guten Erfolg.

Mit freundlichen Grüßen

MAX HUEBER VERLAG

USt(VAT)-Id-Nr. DE 130 002 447 · Bayerische Vereinsbank München (BLZ 700 202 70) Kto. 36 102 500 · Postbank München (BLZ 700 100 80) Kto. 362 38-803
Max Hueber Verlag GmbH & Co. KG, Amtsgericht München: HRB 49304 · Persönlich haftende Gesellschafterin: Sprachen-Hueber-Verlagsges.mbH,
Amtsgericht München: HRB 45498 · Sitz der Gesellschaften: Ismaning · Geschäftsführer: Michaela Hueber, Wolf Dieter Eggert

Überbein & Co.

Orthopädische
Schuhherstellung

Gerhart-Hauptmann-Ring 45
60141 Frankfurt
Telefon (0 69) 36 47 368
Fax (0 69) 36 47 378

Hessische Kreditbank
BLZ 300 600 02
Konto 567 33 02

Überbein & Co. · Gerhart-Hauptmann-Ring 45 · 60141 Frankfurt

Schuhhaus Trott
Frau Marianne Jost
Heidschnuckenweg 90

21297 Hamburg

17.8.19..

Ihre Bestellung vom 10.8.19..

Sehr geehrte Frau Jost,

wir danken Ihnen für Ihre Bestellung vom 10.8.19.. über

50 Paar orthopädische Damenschuhe Modell „Isabella"
zum Preis von DM ... je Paar.

Leider können wir Ihnen diese Schuhe nicht liefern. Es handelt sich um ein Auslaufmodell, von dem wir noch einen Restposten auf Lager hatten. Deshalb war unser Angebot unverbindlich.
Wir haben jedoch ein attraktives Alternativangebot für Sie: unser brandneues, aber ganz ähnliches Modell „Arabella" zum Preis von DM ... je Paar. Dieses Nachfolgemodell steht in ausreichender Stückzahl zur Verfügung.
Über eine Bestellung von Ihnen würden wir uns freuen.

Mit freundlichen Grüßen

Überbein

Christoph Überbein

Formulierungstraining

Übung 1 Suchen Sie die Sätze heraus, die eine ähnliche Bedeutung haben.

1	e

1 Über Ihren Auftrag haben wir uns sehr gefreut.
2 Wir werden Ihren Auftrag wie folgt ausführen:
3 Die Lieferzeit beträgt ca. 4 Wochen.
4 Der Versand erfolgt per Luftfracht.
5 Wir werden Ihre Anweisungen genau beachten.
6 Wir würden uns freuen, die gute Zusammenarbeit mit Ihnen in den kommenden Jahren fortzusetzen.

a Wir können innerhalb von einem Monat liefern.
b Wir hoffen, dass unsere Geschäftsbeziehungen auch in Zukunft erfolgreich sein werden.
c Wir werden Ihre Sonderwünsche auf jeden Fall berücksichtigen.
d Sie bestellten zu folgenden Bedingungen:
e Wir danken Ihnen für Ihre Bestellung.
f Die Lieferung geht mit Lufthansa-Cargo an Sie ab.

Übung 2 Setzen Sie die fehlenden Wörter ein.

zu
Leider
auf
ausführen
Bestellung
Preisliste
bisherigen
bestätigen
Verständnis
erhöhen
Aufgrund

Sehr geehrte Damen und Herren,

vielen Dank für Ihre ____________. ____________ können wir Ihren Auftrag nicht zu den ____________ Preisen ____________. ____________ von Preiserhöhungen unserer Unterlieferanten mussten wir unsere Preise leicht ____________. Wir hoffen _______ Ihr ____________ und senden Ihnen unsere neue ____________ zu.

Wir würden uns freuen, wenn Sie Ihren Auftrag _______ den neuen Preisen ____________ würden.

Mit freundlichen Grüßen

Grammatik

Höfliche Formulierungen

In modernen Geschäftsbriefen schreibt man nicht mehr so umständlich und kompliziert wie früher. Da konnten Sie beispielsweise den folgenden Satz lesen:
Wir wären Ihnen sehr dankbar, wenn es Ihnen möglich wäre, unserem Berater einen Termin zu geben.

Heute formulieren Sie diesen Wunsch direkt:
Bitte geben Sie unserem Berater einen Termin.

Um solche Aufforderungen an einen oder mehrere Partner höflich auszudrücken, benutzt man im Deutschen in schriftlicher wie in mündlicher Kommunikation den Imperativ.

Höflichkeitsform des Imperativs

Infinitiv des Verbs +	*Sie*	
Kommen	Sie	einfach vorbei.
Überzeugen	Sie	sich selbst.

Oft wird die Aufforderung mit dem Wort *bitte* kombiniert, das dann meistens vor der Äußerung oder im Mittelfeld platziert wird.
Bitte geben Sie unserem Berater einen Termin.
Teilen Sie uns bitte Ihre Lieferbedingungen mit.
Bitte liefern Sie innerhalb von 6 Wochen frei Haus.
Entschuldigen Sie bitte die Verspätung.

Übung 3 Formulieren Sie höfliche Aufforderungen. Achten Sie dabei auf die Pronomen.

Ihr Gesprächspartner soll Ihnen ein Angebot machen.
→ Bitte machen Sie uns ein Angebot.

Ihr Gesprächspartner soll …

1 … Ihnen den neuen Katalog zusenden.
2 … Sie über seine Neuentwicklungen informieren.
3 … Ihnen den frühesten Liefertermin mitteilen.
4 … Ihnen den Auftrag bestätigen.
5 … Ihnen 30 Tage für die Zahlung gewähren.
6 … Sie anrufen.
7 … Sie mit der Buchhaltung verbinden.
8 … den Vertrag unterschreiben.
9 … die bestellte Ware morgen abschicken.
10 … die Ware sorgfältig verpacken.
11 … Ihnen die Ware noch vor Weihnachten liefern.
12 … bei seinem nächsten Besuch in München bei Ihnen vorbeikommen.

Eine andere Möglichkeit, höflich zu formulieren, ist der Konjunktiv II. Der Konjunktiv wird in der modernen Geschäftskorrespondenz wesentlich seltener verwendet als früher, weil man heute klar und direkt schreibt.

Folgende Formulierungen sollten Sie vermeiden:	Formulieren Sie direkt:
Wir möchten Sie bitten, uns eine Auftragsbestätigung zu schicken.	Wir bitten Sie um eine Auftragsbestätigung.
Es dürfte sich um ein Versehen unserer Buchhaltung handeln.	Leider hat unsere Buchhaltung das übersehen.
Ich würde mir erlauben, Sie morgen anzurufen.	Ich rufe Sie morgen an.

Sie müssen den Konjunktiv aber dann verwenden, wenn Sie sich auf eine hypothetische oder irreale Situation beziehen.

Konjunktiv: *würde* + Infinitiv des Verbs

Über eine Bestellung würden wir uns freuen.
Durch den Termin würden auch wir in Zahlungsschwierigkeiten kommen.

Die Konjunktiv-II-Formen der folgenden Verben brauchen Sie häufig:

	sein	**haben**	**werden**
ich	wäre	hätte	würde
du	wärst	hättest	würdest
er, sie, es	wäre	hätte	würde
wir	wären	hätten	würden
ihr	wärt	hättet	würdet
sie, Sie	wären	hätten	würden

Außerdem:	können → ich könnte	wollen → ich wollte	
	müssen → ich müsste	sollen → ich sollte	
	mögen → ich möchte	dürfen → ich dürfte	

Übung 4 Setzen Sie die fehlenden Verben im Konjunktiv II ein.

können
liefern
können
freuen
sprechen
haben
sein
mögen

1 Wann kommt die Ware? – Ich weiß noch nicht. Wir ___________ gerne in zwei Wochen ___________, aber das hängt von der Herstellung ab.
2 Wir ___________ Ihnen sehr dankbar, wenn Sie uns die Ware so bald wie möglich schicken ___________.
3 Über eine Bestellung ___________ wir uns ___________.
4 Ich ___________ gern mit Herrn Möllemann ___________.
5 Herr Möllemann, ich ___________ die Bestellnummer korrigieren.
6 Unser Berater ___________ Sie in etwa zwei Wochen besuchen. An welchem Tag ___________ Sie Zeit?

mögen – möcht- – wollen

mögen	Sympathie, etwas gern haben: *Ich mag Jazz-Musik.*
möcht-	höflich für wollen: *Ich möchte in ein Konzert gehen.*
wollen	Absicht, Wunsch: *Ich will nach New York fliegen.*

Übung 5 Setzen Sie die richtigen Formen von *möcht-*, *mögen* oder *wollen* ein.

1 Herr Ober! Ich ___________ etwas zu trinken bestellen. Aber bitte kein Mineralwasser mit Kohlensäure, ich ___________ nämlich keine Kohlensäure.
2 Thomas ___________ klassische Musik sehr gern. Ich ___________ ihm eine CD von Mozart zum Geburtstag schenken. ___________ du dich an dem Geschenk beteiligen?
3 Wir ___________ nach Südspanien fahren. ___________ du mitkommen? Es fahren einige meiner Freunde mit, also Leute, die du bestimmt ___________.

Übung 6 Formulieren Sie höflicher. Verwenden Sie dabei den Konjunktiv.

Tür zu! → Würden Sie bitte die Tür schließen?

1 Fenster auf! ______________________

2 Was wollen Sie trinken? ______________________

3 Geben Sie mir den Zucker! ______________________

4 Wollen Sie noch ein Dessert? ______________________

5 Zahlen! ______________________

6 Ich komme morgen bei Ihnen vorbei! ______________________

7 Informieren Sie mich über die weitere Entwicklung! ______________________

8 Buchstabieren Sie Ihren Namen! ______________________

9 Schicken Sie uns Ihre Preisliste zu! ______________________

10 Wir wollen mit anderen Firmen Kontakt aufnehmen. ______________________

kennen – wissen

kennen	Informationen, die man durch eigene Erfahrung hat (Person/Sache).
	Ich kenne den Weg. (Ich war schon mal hier.) *Ich kenne diese Stadt sehr gut.* (Ich habe zwei Jahre in dieser Stadt gewohnt). *Woher kennen Sie ihn?* (Wo haben Sie ihn kennengelernt?)
wissen	Informationen, die man durch allgemeine Kenntnisse hat (Tatsache).
+ Nebensatz + Akkusativ *wissen über* (+ Akk.)	*Wissen Sie, welches Datum wir heute haben?* *Ich weiß den Weg.* (Ich habe die Karte gelesen) *Sie weiß alles über dieses Projekt.*

Übung 7 Setzen Sie die richtigen Formen von *kennen, wissen* oder *können* ein.

1 __________ Sie Herrn Möllemann?

2 __________ Sie mir sagen, wie lange er schon bei der Firma Asia-Sport arbeitet?

3 Soviel ich __________ , hat er vorher in Düsseldorf gearbeitet.

4 __________ Sie, warum er die Stelle dort aufgegeben hat?

5 Nein, das __________ ich nicht, aber ich __________ eine Kollegin von ihm, Frau Schwatzer, die __________ ich mal fragen.

6 Wann __________ Sie uns die Waren liefern?

7 Das __________ ich Ihnen nicht genau sagen. Ich __________ nämlich nicht, ob wir eine ausreichende Menge auf Lager haben.

8 Ich erkundige mich mal bei Herrn Stahl. Er __________ den genauen Lagerbestand.

9 __________ Sie, wann Frau Brummer aus Spanien zurückkommt? Nein, das __________ ich Ihnen leider nicht sagen.

Brieftraining

Brief I

Sie sind:	Kunstschreinerei Nagel
Sie schreiben an:	Bestattungsunternehmen „Ruhe in Frieden"
Sie wollen:	Auftrag über 140 Eichensärge bestätigen

Brief II

Sie sind:	Geflügelzuchtfirma „Kikeriki"
Sie schreiben an:	Kantine der Firma Gelhard
Sie wollen:	Auftrag über die Lieferung von 5000 Hühnerkeulen ablehnen

Wichtig

- Wenn Sie selbst Bestellungen machen: Bitten Sie immer um eine Auftragsbestätigung.
- Wenn Sie fremde Aufträge ablehnen: Machen Sie dem Kunden – wenn möglich – ein alternatives Angebot.

Hörtraining

Die Baufirma Hinz wurde von der Immobilienfirma Reider beauftragt, im Zentrum von Dresden ein neues Bürohaus zu errichten. Um den Auftrag ausführen zu können, hat die Firma Hinz bei der Baumaschinen-Vermietung Atlant einige Maschinen angemietet – da erreicht sie die Nachricht, dass die Firma Reider Konkurs angemeldet hat. Damit ist auch der Auftrag für das Bürohaus in Dresden hinfällig. Die Direktionsassistentin der Baufirma Hinz, Frau Dross, ist nun damit beschäftigt, die bereits erteilten Aufträge für Materialien und Maschinen zu widerrufen.

Übung 8 Hören Sie das Gespräch und kreuzen Sie an.

	richtig	falsch
1 Es ist ein unruhiger Morgen bei der Firma Hinz.	☐	☐
2 Frau Emmerich hat die Nachricht vom Konkurs der Firma Reider im Radio gehört.	☐	☐
3 Frau Emmerich meint, die Firma Hinz sollte ihre Auftraggeber besser kontrollieren.	☐	☐
4 Die Firma Hinz hat drei Bagger angemietet.	☐	☐
5 Die Bagger sind für eine Dauer von 14 Tagen bestellt.	☐	☐
6 Die Firma Hinz mietet öfter Maschinen bei der Firma Atlant.	☐	☐
7 Frau Emmerich lehnt eine Stornierung der Bestellung ab.	☐	☐
8 Frau Emmerich wird sich auf jeden Fall bei Frau Dross melden.	☐	☐

8 Lieferung Versandanzeige – Rechnung

Eine *Versandanzeige* ist üblich, besonders wenn Sie
- größere Mengen eines Artikels
- oder Güter mit großem Umfang oder Gewicht liefern.

Die *Rechnung* (Handelsrechnung, Faktura) legen Sie entweder bei oder Sie schicken sie nach Auslieferung der Ware mit getrennter Post ab. Vielleicht hat der Kunde ja Reklamationen und es kommt deshalb nachträglich zu Änderungen bei Warenmenge und Rechnungsbetrag.

Die Rechnung enthält
- Angaben über Menge und Art sowie die genaue Bezeichnung der Ware
- Brutto- und Nettopreis sowie die Mehrwertsteuer
- Zahlungsmodi
- eventuell einen Hinweis auf den Exporteur
- unter Umständen auch eine Beglaubigung durch Handelskammer oder Konsulat.

Musterbriefe

Thompson Motorkomponenten GmbH & Co. KG

Zieglerstraße 16 · Postfach 642 · D-52078 Aachen · D-52075 Aachen · Telefon 02 41/31 43-0 · Telex 734 699 Thom d · Fax 02 41/31 43-350 · Btx ★ 920038 #

Thompson Motorkomponenten GmbH & Co. KG
Postfach 642, D-52075 Aachen

Mitsuoka Ltd.
Herrn Toshiro Yoshikawa
10, 3-chome Marunouchi
Chiyoda-ku, TOKYO
Japan

19.3.19..

Sehr geehrter Herr Yoshikawa,

heute haben wir Ihre Bestellung vom 16.3.19.. über

40 Thompson-Kolben SPC 1.400
40 Thompson-Leichtmetallzylinder XRQ 9.9334

ausgeführt. Die Teile werden mit MS „Tarkowskij" voraus-
sichtlich am 19.5.19.. in Yokohama eintreffen. Die Sendung be-
steht aus 20 Kolli. Sie sind gemäß Ihren Anweisungen wie folgt
markiert:

MIT
1-20
Tokyo via
Yokohama

Die Kolli 1-10 enthalten die Kolben, Nr. 11-20 die Zylinder.
Alle nötigen Angaben finden Sie in beiliegender Rechnung.
Die Versanddokumente haben wir unserer Bank zur Einlösung des
Akkreditivs zugeschickt.

Wir hoffen, die Sendung trifft in gutem Zustand bei Ihnen ein.
Über weitere Aufträge von Ihnen würden wir uns freuen.

Mit freundlichen Grüßen

J. Rörlich

J. Rörlich
Manager Gussteile

Anlage

UST(VAT)-ID-Nr. DE 136 113 547 · Aachener Hypothekenbank, Aachen, BLZ 430 814 90, Konto 2658 736 938
Bankhaus Aufseß, Aachen, BLZ 430 615 03, Konto 165 87 333 · Amtsgericht Aachen HRB 5603 · Persönlich haftender
Gesellschafter: Egon Kranz · Geschäftsführer: Michael Meyerbeer

DOPS Messtechnik GmbH

Postfach 80 00 07 • 80806 München
Muthmannstraße 69 • 80939 München
Tel. 089/311 11-0 • Fax 089/311 11-17

Heinrich Lasch GmbH
Herrn Klein
Industriestraße 379

70565 Stuttgart

17.7.19..

Rechnung Nr. 327097

Kundenbestellung: Nr. 974/63
Auftragsbestätigung: 84920
Lieferanschrift:
Art der Lieferung: Gesamtlieferung

Anzahl	Artikel	Einzelpreis	Gesamt
2	Spannungsmessgerät ALPHA 141028	DM 147,-	DM 254,00
1	Akkumulator AS 170628	DM 773,-	DM 773,00
1	Messgerät OPTICA 220155	DM 695,-	DM 695,00

Warenwert netto	DM 1722,00
15% Mehrwertsteuer	DM 258,30
Verpackung	DM 75,00
Gesamt	DM 2055,30

Zahlungsbedingungen: netto innerhalb von 30 Tagen

Für alle Lieferungen und Leistungen gelten die umseitig genannten Allgemeinen Verkaufs- und Lieferbedingungen. Reklamationen werden nur innerhalb von 14 Tagen nach Warenerhalt angenommen.

Diese Rechnung wurde mit EDV erstellt und ist ohne Unterschrift gültig.

Bayern-Bank München, Konto 13434, BLZ 880 900 52 • Bankhaus Dinkel, Konto 9637, BLZ 933 200 16 • Kreditbank Süd, Konto 567951, BLZ 999 180 00

Formulierungstraining

Übung 1 Setzen Sie die Satzteile richtig zusammen.

1 Ihren Auftrag vom 30. 11. 19..
2 Die von Ihnen bestellten Waren
3 In drei Waggons der Deutschen Bahn
4 Die Ware wird voraussichtlich
5 Die Kolli sind gemäß Ihren Anweisungen
6 Alle Angaben über Gewicht und Inhalt der Kolli
7 Wir legen diesem Schreiben
8 Bitte überweisen Sie den Rechnungsbetrag
9 Wir haben Ihr Konto
10 Der Rechnungsbetrag wird
11 Wir haben die Versanddokumente
12 Wir hoffen, dass die Ware
13 Wir sind davon überzeugt, dass Sie
14 Wir würden uns über

a stehen in beiliegender Handelsrechnung.
b zur Einlösung des Akkreditivs unserer Bank übergeben.
c haben wir heute auf Ihren LKW geladen.
d in gutem Zustand bei Ihnen eintrifft.
e haben wir heute ausgeführt.
f weitere Aufträge von Ihnen freuen.
g mit unserer Lieferung zufrieden sein werden.
h haben wir heute folgende Teile nach Oslo geschickt:
i unsere Rechnung über DM ... bei.
j auf unser Konto bei der Barclays Bank in Rom.
k durch unsere Spedition eingezogen.
l wie folgt markiert:
m mit dem Betrag der beigefügten Rechnung belastet.
n am 11. 10. bei Ihnen eintreffen.

1													
e													

Übung 2 Ordnen Sie den Abbildungen von Versandbehältern die entsprechenden Bezeichnungen zu. Ergänzen Sie jeweils den bestimmten Artikel und die Pluralform.

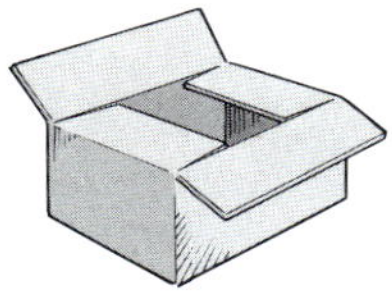

1 ____________________

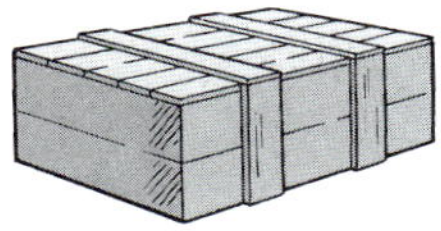

4 ____________________

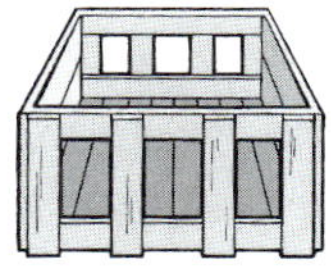

7 ____________________

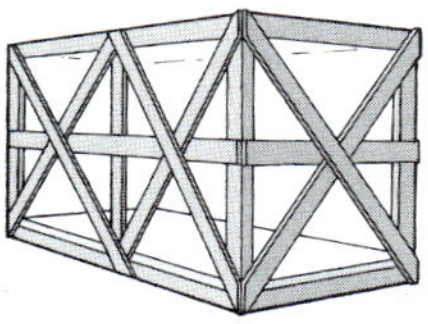

2 ____________________

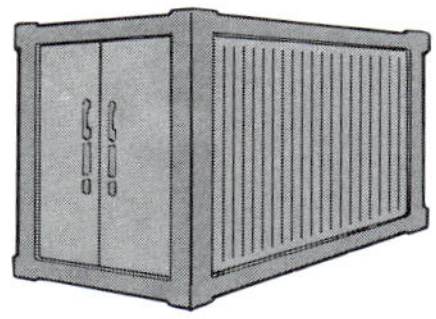

5 ____________________

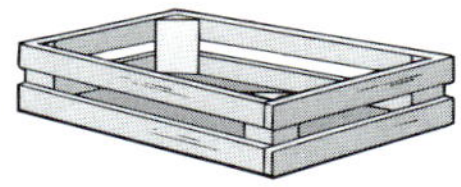

8 ____________________

3 ____________________

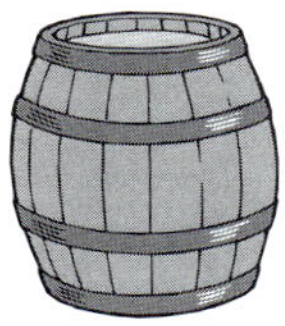

6 ____________________

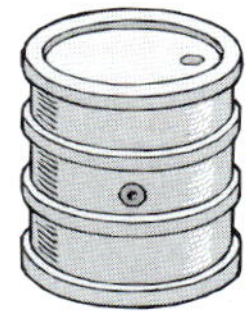

9 ____________________

Palette	Lattenkiste	Sack
Fass	Trommel	Lattenverschlag
Karton	Container	Holzkiste

Übung 3 Ein Packstück nennt man Kollo. Ordnen Sie die Ziffern der Kollo-Beschriftung jeweils dem entsprechenden deutschen Begriff zu.

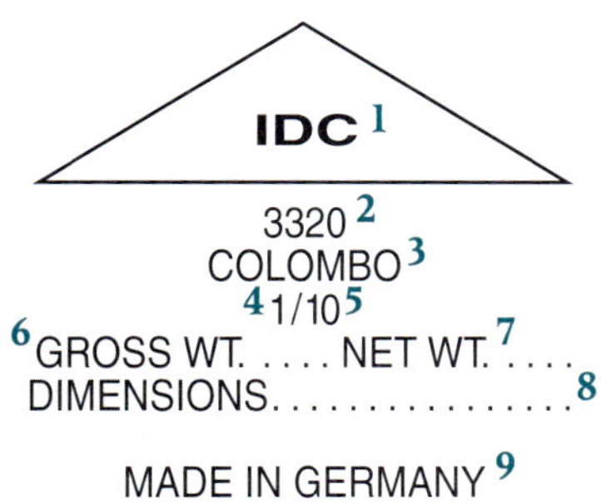

______ Bruttogewicht
______ Bestimmungshafen
______ Ursprungsbezeichnung*
______ Kennmarke des Empfängers
______ Abmessungen*
______ Auftragsnummer
______ Gesamtzahl der Kolli
______ Nettogewicht
______ Nummer des Kollos

* nicht immer notwendig

Übung 4 Ordnen Sie den Abbildungen von Vorsichtsmarkierungen jeweils den entsprechenden deutschen Begriff zu.

- Zerbrechliches Packgut
- Vor Hitze schützen
- Vor Nässe schützen
- Keine Handhaken verwenden
- Oben
- Entzündbare Flüssigkeit

1 ____________________

2 ____________________

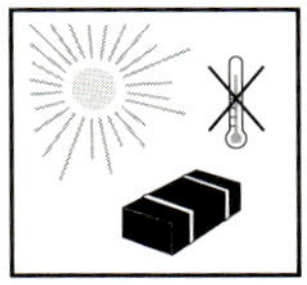

3 ____________________

4 ____________________

5 ____________________

6 ____________________

Grammatik

Nomen: n-Deklination

Einige Nomen werden nach der n-Deklination dekliniert; sie sind alle maskulin. Die Anzahl dieser Nomen ist zwar nicht groß, jedoch werden sie im Bereich Geschäftskommunikation immer wieder verwendet.

Zum Vergleich:

	n-Deklination	normale Deklination
Singular		
Nominativ	der Kunde	der Auftrag
Akkusativ	den Kunden	den Auftrag
Dativ	dem Kunden	dem Auftrag
Genitiv	des Kunden	des Auftrags
Plural		
Nominativ	die Kunden	die Aufträge
Akkusativ	die Kunden	die Aufträge
Dativ	den Kunden	den Aufträgen
Genitiv	der Kunden	der Aufträge

- Nach der n-Deklination werden auch die folgenden Nomen dekliniert:

der Mensch	der Grieche	der Kollege	der Soziologe
der Franzose	der Junge	der Pole	der Löwe
der Experte	der Türke	der Biologe	der Affe

- maskuline Nomen auf *-ent, -ant, -ist, -at*

der Produzent	der Lieferant	der Kapitalist	der Bürokrat
der Präsident	der Demonstrant	der Journalist	der Demokrat

- außerdem

der Herr (des Herrn, die Herren)	der Name (des Namens)
der Nachbar (des Nachbarn)	der Gedanke (des Gedankens)
der Buchstabe (des Buchstabens)	der Wille (des Willens)

Eine Ausnahme in der Gruppe ansonsten maskuliner Nomen der n-Deklination ist *das Herz (des Herzens, dem Herzen).*

Übung 5 Bilden Sie Sätze nach folgendem Beispiel.

Der Kunde möchte Sie sprechen. (anrufen) → Ich werde den Kunden anrufen.

1 Der Kollege möchte Sie sprechen. (anrufen)
2 Der Lieferant möchte Sie sprechen. (telefonieren mit)
3 Herr Rörlich möchte Sie sprechen. (vorbeigehen bei)
4 Der Chef möchte Sie sprechen. (anrufen)
5 Ihr Nachbar möchte Sie sprechen. (vorbeigehen bei)
6 Frau Emmerich möchte Sie sprechen. (morgen anrufen)
7 Unser Spezialist möchte mit Ihnen sprechen. (sprechen mit)
8 Der Assistent möchte mit Ihnen sprechen. (telefonieren mit)
9 Dieser Herr möchte Sie sprechen. (später anrufen)

Übung 6 Setzen Sie die fehlenden Wörter ein.

Gedanke
Herr
Kollege
Praktikant
Kunde
Name
Nachbar
Löwe
Herr
Buchstabe

1 Wir haben einen neuen ____________ , ____________ Möllemann.

2 Er hat das Herz eines ____________ .

3 Der Brief geht zu Händen von ____________ Yoshikawa.

4 Ich kann mir seinen____________ einfach nicht merken.

5 Wer schreibt die Weihnachtskarten an unsere besten ____________ ? – Das ist eine Arbeit für unseren ____________ .

6 Endlich mal eine gute Idee! Diesen ____________ finde ich wirklich hervorragend.

7 Ich habe mir heute morgen das Auto meines ____________ geliehen.

8 Im Deutschen schreibt man den ersten ____________ eines Nomens groß.

Kausalsätze

Die Situation: Die Firma kann die Ware nicht rechtzeitig liefern.
Der Grund: Es gibt einen Streik.
Der Kausalsatz beantwortet die Frage: *Warum* kann die Firma die Ware nicht liefern?

Hauptsatz: Folge	Nebensatz: Grund
Die Firma kann die Ware nicht liefern,	*weil* es einen Streik gibt.
Die Firma kann die Ware nicht liefern,	*da* es einen Streik gibt.

Hauptsatz 1: Folge	Hauptsatz 2: Grund
Die Firma kann die Ware nicht liefern,	*denn* es gibt einen Streik.

Der Kausalsatz mit *weil* oder *da* ist ein Nebensatz, das Verb steht am Ende. Der Kausalsatz mit *denn* ist ein Hauptsatz, das Verb steht an Position II.

Können Sie mir sagen, warum die Firma nicht liefert? – Weil dort seit ein paar Tagen gestreikt wird.

Einen eigenständigen Kausalsatz müssen Sie mit *weil* beginnen. *Denn* ist nicht möglich.

Übung 7 Antworten Sie mit einem *weil*-Satz auf folgende Fragen.

Warum sind Sie nicht mitgekommen? (keine Zeit) → Weil ich keine Zeit hatte.

1 Warum sind Sie so spät gekommen? (mein Auto, kaputt)
2 Warum haben Sie nicht angerufen? (keine Telefonnummer)
3 Warum haben Sie kein Taxi genommen? (alle besetzt)
4 Warum haben Sie den Bericht nicht gelesen? (keine Zeit)
5 Warum können Sie die Ware nicht liefern? (nicht mehr vorrätig)
6 Warum schicken Sie uns die Ware so spät? (Produktionsprobleme)
7 Warum sind Sie nicht in Berlin? (hier zu tun)

Übung 8 Suchen Sie in den folgenden Sätzen den Grund und verbinden Sie die Sätze entsprechend mit *weil, da* oder *denn.*

1 Die Firma liefert nicht. Die Firma hat Konkurs gemacht. (weil)
2 Die Summe stimmt nicht. Die Rechnung wird nicht bezahlt. (denn)
3 Der Computer ist ausgefallen. Der Versand klappt nicht. (da)
4 Das Material ist nicht mehr in Ordnung. Die Kisten können nicht mehr benutzt werden. (denn)
5 Der Kunde ist verärgert. Die Ware ist nicht pünktlich gekommen. (weil)
6 Frau Panadero hat die falsche Bestellnummer angegeben. Sie ärgert sich. (denn)
7 Herr Möllemann entschuldigt sich. Er ist unfreundlich gewesen. (weil)
8 Die Firma hat noch Handschuhe auf Lager. Sie widerruft ihre Bestellung. (da)
9 Herr Yoshikawa telefoniert mit der Firma Thompson. Er hat noch eine Frage zur Rechnung. (weil)
10 Die Waren sind aus Glas. Man muss vorsichtig mit dem Paket umgehen. (denn)

Hauptsatz 1: Grund	Hauptsatz 2: Folge	
Es gibt einen Streik,	*deshalb* *darum* *deswegen*	kann die Firma nicht rechtzeitig liefern.

Wenn Sie *deshalb, darum* oder *deswegen* verwenden, muss der Grund vorher (im ersten Hauptsatz), die Folge anschließend genannt werden. Diese Sätze sind Hauptsätze; das Verb steht an Position II.

Übung 9 Suchen Sie in den folgenden Sätzen die Folge und verbinden Sie die Sätze entsprechend mit *deshalb, darum* oder *deswegen*.

1 Die Firma liefert nicht. Die Firma hat Konkurs gemacht. (deshalb)
2 Die Summe stimmt nicht. Die Rechnung wird nicht bezahlt. (deswegen)
3 Der Computer ist ausgefallen. Der Versand klappt nicht. (deswegen)
4 Das Material ist nicht mehr in Ordnung. Die Kisten können nicht mehr benutzt werden. (deshalb)
5 Der Kunde ist verärgert. Die Ware ist nicht pünktlich gekommen. (darum)
6 Frau Panadero hat die falsche Bestellnummer angegeben. Sie ärgert sich. (deshalb)
7 Herr Möllemann entschuldigt sich. Er ist unfreundlich gewesen. (darum)
8 Die Firma hat noch Handschuhe auf Lager. Sie widerruft ihre Bestellung. (deswegen)
9 Herr Yoshikawa telefoniert mit der Firma Thompson. Er hat noch eine Frage zur Rechnung. (darum)
10 Die Waren sind aus Glas. Man muss vorsichtig mit dem Paket umgehen. (deshalb)

wegen + Nomen im Genitiv	*weil*-Satz + Verb
Wegen des Streiks kann die Firma die Waren nicht rechtzeitig liefern.	Die Firma kann die Waren nicht rechtzeitig liefern, weil es einen Streik gibt.

Die Formulierung mit dem Nebensatz wirkt lebendiger und persönlicher. Gibt es aber schon viele Nebensätze im Kontext, dann wählen Sie besser die Formulierung mit Präposition.

Brieftraining

Brief I	Sie sind:	Klavierhersteller Brechstein, Dresden, Deutschland
	Sie schreiben an:	Klaviervertrieb Adams & Hooper, Melbourne, Australien
	Sie wollen:	Ihren Kunden über den Versand bestellter Klaviere informieren
Brief II	Sie sind:	Sie selbst
	Sie schreiben an:	einen deutschen Kunden Ihrer Wahl
	Sie wollen:	ihm eine Rechnung schicken

Wichtig

- Informieren Sie den Kunden, wann Sie die Ware versenden.
- Nennen Sie ihm den voraussichtlichen Liefertermin.
- Erwähnen Sie, wie Sie die Ware versenden.
- Weisen Sie auf Rechnung und Zahlung hin.

Hörtraining

Die Luton Bus Ltd., ein englisches Busunternehmen, hatte beim Bushersteller Ohlmüller in Waldfeucht zehn Kleinbusse bestellt. Zwischenzeitlich hat der Hersteller die Rechnung geschickt. Mrs. Drew, die Einkaufsleiterin, versteht einige Details der Rechnung nicht und ruft deshalb in Deutschland an.

Übung 10 Hören Sie das Gespräch und beantworten Sie die Fragen.

1 Wie hoch ist der Kaufpreis für die zehn Busse?
2 Welches Extra müsste nach Meinung von Mrs. Drew im Kaufpreis enthalten sein?
3 Wer hat recht: Herr Peters oder Mrs. Drew? Und warum?
4 Wie reagiert Herr Peters?
5 Welcher Liefertermin steht auf der Rechnung?
6 Welcher Liefertermin steht im Kaufvertrag?
7 Was ist der Grund für den neuen Termin?
8 Der Liefertermin im Kaufvertrag war unverbindlich. Welches Wort war dafür entscheidend?
9 Warum hat Herr Peters Mrs. Drew nicht früher informiert?
10 Was verspricht Herr Peters zum Schluss? (zwei Antworten)

Übung 11 Mrs. Drew spricht sehr gut Deutsch. Trotzdem hat sie einige Fehler gemacht. Korrigieren Sie diese Fehler.

1 … nachdem ich habe Ihre Rechnung bekommen.
2 Nun, es handelt sich von dem Kaufpreis.
3 Wir kommen sonst in großen Schwierigkeiten.

9

Wareneingang Empfangsbestätigung – Zahlungsanzeige

Manchmal wünscht die Lieferfirma, dass Sie ihr eine *Empfangsbestätigung* senden, nachdem Sie die Waren erhalten haben. Der Lieferant möchte wissen, ob der Vorgang für ihn abgeschlossen ist.

Wenn Sie als Kunde den Empfang der Ware bestätigen, teilen Sie dem Lieferanten oft gleichzeitig mit,

- wann und
- wie

Sie bezahlen wollen. Diese *Zahlungsanzeige* können Sie entweder separat oder – bei Vorauszahlung – zusammen mit der Bestellung zuschicken.

Vielleicht haben Sie von Ihrer Lieferfirma einen Wechsel (siehe Kapitel 13, S. 121) erhalten. In diesem Fall kündigen Sie an, dass Sie ihr den Wechsel mit Ihrem Akzept zurückschicken.

Gasturbinen Mannheim GmbH

Gasturbinen Mannheim GmbH · Postfach 10 43 · D-71029 Böblingen

Hauserstraße 10
D-71032 Böblingen
Postfach 10 43
D-71029 Böblingen
Telefon (0 70 31) 23 41-0
Telefax (0 70 31) 23 41-265

Akkumulatorenfabrik
Sonnenschein AG
Berliner Str. 20-22

31789 Hameln

13.11.19..

Empfangsbestätigung mit Zahlungsanzeige

Sehr geehrte Damen und Herren,

der von uns bestellte Prototyp Ihrer neuen Hochtemperaturbatterie ist heute unbeschädigt bei uns eingetroffen. Vielen Dank für die schnelle Lieferung.

Der Rechnungsbetrag in Höhe von ... DM wird noch heute auf Ihr Konto Nr. 3670 068 853 bei der Norddeutschen Handelsbank überwiesen.

Mit freundlichen Grüßen

Gasturbinenfabrik Mannheim GmbH
Produktfeld Gasturbinentechnik

Manfred Sollinger

Bankhaus Dreyer & Co, Böblingen
BLZ 504 303 00
Konto 3670 058 963
Amtsgericht Böblingen HRB 50303
Geschäftsführer: Hans Meiser
UST(VAT)-ID-Nr. DE 129 030 446

Fröhlich AG

Elektrogrosshandlung
Industriestrasse 10-12
CH-3052 Zollikofen
Tel. 0 31 – 3 51 14
Fax 0 31 – 3 51 12

Lampenfabrik
Hofbauer & Müller GmbH
Postfach 796784

D-40211 Düsseldorf

9.12.19..

Rücksendung des akzeptierten Wechsels

Sehr geehrte Damen und Herren,

wir bedanken uns für Ihre am 1.12.19.. angekündigte Lieferung, die gestern in gutem Zustand bei uns eingetroffen ist.

Sie erhalten von uns Ihren Wechsel über DM ..., fällig am 1.3.19.., Order eigene, mit unserem Akzept versehen zurück. Er wurde bei unserer Bank zahlbar gestellt.

Mit freundlichen Grüßen

Fröhlich AG

Hans Hügli

Anlagen

Formulierungstraining

Übung 1 Suchen Sie die Sätze heraus, die eine ähnliche Bedeutung haben.

1	f

1 Ihre Lieferung ist gestern in einwandfreiem Zustand bei uns eingetroffen.
2 Für die schnelle Zustellung der Ware sind wir Ihnen dankbar.
3 Leider stimmen die in der Rechnung aufgeführte Menge und die tatsächliche Liefermenge nicht überein.
4 Wir senden Ihnen einen Verrechnungsscheck zu.
5 Als Anlage erhalten Sie Ihren Wechsel mit unserem Akzept versehen zurück.
6 Ihre Rechnung über ... DM bezahlen wir per Überweisung.

a Unser Akzept für den Betrag Ihrer Rechnung wird Ihnen unverzüglich zugesandt.
b Diesem Schreiben liegt ein Verrechnungsscheck bei.
c Wir überweisen den Rechnungsbetrag in Höhe von ... DM auf Ihr Konto.
d Sie haben eine größere Warenmenge berechnet, als wir erhalten haben.
e Vielen Dank für Ihre schnelle Lieferung.
f Wir haben Ihre Sendung inzwischen gut erhalten.

Übung 2 Setzen Sie die fehlenden Wörter ein.

deshalb
geht ... heraus
erhalten
stimmt ... überein
tatsächlichen
Rechnungsbetrag
genannte
Verrechnungsscheck
angekommen
abgezogen
Allerdings

Sehr geehrte Frau Lamers,

vielen Dank für Ihre Lieferung, die wir gestern __________ haben. Sie ist gut __________. __________ __________ die in der Rechnung __________ Menge nicht mit der __________ Liefermenge __________. Wir haben __________ vom __________ ... DM __________. Ein ____________ in Höhe von ... DM __________ noch heute an Sie __________.

Mit freundlichen Grüßen

Passiv

Man benützt das Passiv, wenn bei einer Information die Handlung im Vordergrund steht – die handelnde Person ist in diesem Fall entweder unbekannt oder nicht so wichtig. Wenn Sie Ihre Korrespondenz formulieren, sollten Sie aber sparsam mit dem Passiv umgehen. Die Formulierungen im Aktiv wirken meist persönlicher, direkter und lebendiger.

Aktiv Wir senden Ihnen unser Akzept für den Betrag zu.
Passiv Unser Akzept für den Betrag wird Ihnen zugesandt.

Aktiv Wir stellten die Order bei unserer Bank zahlbar.
Passiv Die Order wurde bei unserer Bank zahlbar gestellt.

Bildung des Passivs: *werden* + Partizip II

Präsens	Die Ware wird zugesandt.
Präteritum	Die Ware wurde zugesandt.
Perfekt	Die Ware ist zugesandt worden.

Die Form im Perfekt Passiv ist *worden* (nicht: *geworden*).

Das Akkusativ-Objekt des Aktiv-Satzes wird zum Subjekt des Passiv-Satzes.

Aktiv Wir überweisen den Rechnungsbetrag noch heute an Sie.

Passiv Der Rechnungsbetrag wird noch heute an Sie überwiesen.

Wenn das Subjekt des Aktiv-Satzes im Passiv-Satz wichtig ist, wird es mit *von* + Dativ genannt.

Aktiv Wir beachten Ihre Anweisungen genau.

Passiv Ihre Anweisungen werden von uns genau beachtet.

Wenn der Aktiv-Satz kein Akkusativ-Objekt hat, dann hat der Passiv-Satz *es* als Subjekt; das Verb steht deshalb immer in der 3. Person Singular.

Aktiv In unserer Firma arbeitet man am Wochenende nicht.
Passiv Es wird in unserer Firma am Wochenende nicht gearbeitet.

Stilistisch ist es besser, wenn ein anderer Satzteil an Position I tritt. *Es* fällt dann weg – das Verb bleibt in der 3. Person Singular.

In unserer Firma wird am Wochenende nicht gearbeitet.

Im Passiv wird *man* nicht verwendet.

Übung 3 Bilden Sie Passiv-Sätze. Achten Sie dabei auf die Zeit.

1 Morgen eröffnet man die Hannover-Messe.
2 Auf der SYSTEMS stellen wir die neuesten Produkte vor.
3 Wir haben Sie umgehend über unsere Neuentwicklung informiert.
4 Bei uns bereitet man die Konferenzen sorgfältig vor.
5 Wir sprechen unsere Kunden persönlich an.
6 Unsere Versandabteilung verpackt die Waren sorgfältig.
7 Unsere Buchhaltung sendet Ihnen einen Scheck zu.
8 Den Rechnungsbetrag überweisen wir auf Ihr Konto.
9 Wir haben die Rechnung per Überweisung bezahlt.
10 Ihre Buchhaltung hat uns zu viel berechnet.

Übung 4 Setzen Sie die Passiv-Sätze ins Aktiv.

1 Der Kopierer wird morgen vom Kundendienst repariert.
2 Die Bestellung wird von uns so schnell wie möglich ausgeführt.
3 Bei Bezahlung innerhalb von zwei Wochen werden von uns 2% Skonto abgezogen.
4 Ihre Sonderwünsche werden von uns berücksichtigt.
5 Ihm ist gekündigt worden.

Passiv mit Modalverben

		Modalverb		Infinitiv
Aktiv	Wir	können	die Ware heute noch	liefern.
Passiv	Die Ware	kann	heute noch	geliefert werden. (Präsens)
	Die Ware	konnte	bereits gestern	geliefert werden. (Präteritum)

Übung 5 Setzen Sie die Sätze ins Passiv. Achten Sie dabei auf die Zeit.

1 Leider müssen wir unsere Bestellung vom 18. 5. widerrufen.
2 Wir können Ihren Auftrag nicht ausführen.
3 Wir müssen an der Lösung weiterarbeiten.
4 Den Vertrag muss man unbedingt einhalten.
5 Wir konnten den Zahlungseingang nicht bestätigen.
6 Man muss die Abteilung endlich umstrukturieren.
7 Man kann den Termin nicht weiter hinausschieben.
8 Sie können mit den neuen Geräten schon arbeiten.
9 Man darf hier nicht rauchen.
10 Man muss diese Waren unbedingt bestellen.

Passiversatz

Man kann eine passivische Bedeutung auch durch Ersatzformen ausdrücken. Diese Konstruktionen haben zusätzlich eine modale Bedeutung, die im Passiv meistens durch das Modalverb *können* ausgedrückt wird.

Adjektivsuffix *-bar*	Passiv-Konstruktionen
Der Termin ist nicht verschiebbar.	Der Termin kann nicht verschoben werden.
Adjektivsuffix *-lich*	
Er hat eine unleserliche Schrift.	Seine Schrift kann nicht gelesen werden.
sein + *zu* + Infinitiv	
Die Schwierigkeiten sind nicht zu vermeiden.	Die Schwierigkeiten können nicht vermieden werden.
lassen + *sich* + Infinitiv	
Der Termin lässt sich auf nächste Woche verschieben.	Der Termin kann auf nächste Woche verschoben werden.

Übung 6 Formulieren Sie in eine Passiv-Konstruktion um.

1 Dieser Politiker ist nicht bestechlich.
2 Seine Idee ist nicht zu realisieren.
3 Die anfallenden Kosten lassen sich nicht kalkulieren.
4 Der neue Plan ist auf jeden Fall durchführbar.
5 Der Fehler war auf den ersten Blick nicht zu erkennen.

Übung 7 Ergänzen Sie *-bar* oder *-lich*. Achten Sie dabei auf mögliche Endungen.

1 Benzin ist eine leicht entzünd______ Flüssigkeit.

2 Unser Außendienstmitarbeiter ist jeden Montag unter der angegebenen Telefonnummer erreich______ .

3 Bitte Vorsicht! Es handelt sich um zerbrech______ Material.

4 Die Rechnung ist innerhalb von zwei Wochen zahl______ .

5 Die neue Maschine ist mit dem Vorgängermodell vergleich______ .

6 Die Einzelteile werden in unterschied______ großen Kartons verpackt.

7 Die Ausstellungsstücke sind leider unverkäuf______ .

8 Für weitere Hinweise wären wir Ihnen sehr dank______ .

9 Wir haben die erkenn______ Mängel sofort beseitigt.

Brieftraining

Brief I

Sie sind:	Weingroßhandlung Reisch, Augsburg, Deutschland
Sie schreiben an:	Sherry-Exporteur Buergo, Sevilla, Spanien
Sie wollen:	den Empfang von 200 Flaschen Sherry bestätigen; die Zahlung erfolgt per Wechsel

Brief II

Sie sind:	Spielzeuggeschäft Pinocchio, Bari, Italien
Sie schreiben an:	Spielzeughersteller Troll, Hirschhorn, Deutschland
Sie wollen:	die Lieferung von 500 Holzzwergen bestätigen; laut Rechnung sind es aber 550 Zwerge. Die Zahlung soll per Überweisung erfolgen.

Wichtig

- Erwähnen Sie, wann und in welchem Zustand Sie die Ware erhalten haben.
- Bedanken Sie sich, wenn Sie mit der Lieferung zufrieden waren.
- Weisen Sie auf eventuelle Differenzen zwischen der berechneten und gelieferten Menge hin.
- Informieren Sie den Lieferanten, wann und wie Sie bezahlen werden.

Hörtraining

Die Firma Aventura in Sevilla hat von der Firma Asia-Sport mit der Lieferung von 300 Handbällen und 200 Basketbällen auch die Rechnung bekommen. Da die Rechnung nicht mit der Lieferung übereinstimmt, ruft Frau Panadero bei der Firma Asia-Sport an.

Übung 8 Hören Sie das Gespräch und beantworten Sie die Fragen.

1 Mit welcher Abteilung möchte Frau Panadero verbunden werden?
2 Wie lautet die Kundennummer der Firma Aventura?
3 Wie lautet die Rechnungsnummer?
4 Um welches Problem geht es bei der Rechnung?
5 Von wann war das Fax, mit dem storniert wurde?
6 Sind die Handschuhe auf dem Lieferschein erwähnt?
7 Warum ist die Rechnung falsch ausgestellt worden?
8 Wann soll die Firma Aventura die Waren bezahlen?

10

Lieferverzögerung Mahnung – Antwort auf eine Mahnung

Manchmal passiert es, dass Ihr Lieferant nicht rechtzeitig liefert. Wenn Sie mit ihm ursprünglich einen festen Liefertermin vereinbart hatten, kommt er somit in Verzug. Dabei gibt es eine Ausnahme: Ihr Lieferant ist für diese Verzögerung nicht verantwortlich. In diesem Fall spricht man von höherer Gewalt.

Bei nicht erfolgter Lieferung schicken Sie dem Lieferanten eine *Mahnung*. Es ist dann Ihr gutes Recht,
- zu verlangen, dass die Firma ihre Lieferpflichten erfüllt und – wenn vertraglich festgehalten – zusätzlich Schadenersatz (Pönale) zahlt
- in der letzten Mahnung eine angemessene Nachfrist zu setzen und darauf hinzuweisen, dass Sie nach Ablauf dieser Frist die Ware nicht mehr annehmen.

Wenn Ihr Lieferant dann immer noch nicht liefert, dürfen Sie vom Vertrag zurücktreten oder Schadenersatz fordern. Ein guter Lieferant lässt es aber gar nicht erst so weit kommen. Er
- teilt dem Kunden Lieferverzögerungen so schnell wie möglich mit
- entschuldigt sich und nennt die Gründe
- gibt bekannt, wann er liefern kann
- räumt vielleicht von sich aus eine Sonderkondition ein
- gibt auch offen zu, wenn er überhaupt nicht liefern kann.

So lässt sich der Schaden für beide Seiten begrenzen.

Pinkus-Versand Katzenartikel GmbH

Postfach 135
D-84070 Au
Hauptstr. 18-20
D-84072 Au

Telefon (0 87 52) 22 50-0
Fax (0 87 52) 22 50-48
Telex 6 35 722 Pin d
Btx ★ 730049 #

Amtsgericht Au HRB 2347
Geschäftsführer: Dr. Alexander Scholz

Pinkus-Versand Postfach 135 D-84070 Au

Mizzi GmbH
Friedbergstr. 156

86163 Augsburg

15. 6. 19..

Unsere Bestellung vom 16. 3. 19..

Sehr geehrte Damen und Herren,

am 16. 3. 19.. haben wir bei Ihnen 250 Katzentoiletten vom Typ „Cat-Clean 2000" bestellt. Sie haben uns die Lieferung bis zum 30. 4. 19.. fest zugesagt. Als wir die Lieferung am 15. 5. 19.. anmahnten, rief uns Herr Magdeburger an und versprach uns, bis Ende Mai auf jeden Fall zu liefern. Bis heute haben wir nichts erhalten.

Da wir einigen unserer Kunden die Lieferung fest zugesagt haben, bringen Sie uns in große Schwierigkeiten. Wir setzen Ihnen eine Nachfrist bis zum 30. 6. 19.. Sollten Sie bis dahin nicht liefern, werden wir die Annahme verweigern und auf einen anderen Lieferanten zurückgreifen. Die Mehrkosten werden wir Ihnen dann in Rechnung stellen.

Wir hoffen sehr, dass Sie alles unternehmen werden, um unsere guten Geschäftsbeziehungen nicht zu gefährden.

Mit freundlichen Grüßen

Pinkus-Versand
Vertrieb

Fred Burger

Fred Burger

Auto Bieler GmbH & Co. KG

Stäblistraße 13 D-81473 München Telefon 0 89 – 7 91 38 84 Telefax 0 89 – 7 91 38 80 Telex 534 630 Biel d

Auto Bieler GmbH & Co. KG · Stäblistraße 13 · D-81473 München

Autolatina S. A.
Humberto 1 No 1010
(1689) Villa Dosch

Buenos Aires
Argentina

10. 11. 19..

Auftrag Nr. 2080 L/87 über die Lieferung von 10 EMW E 280,
Akkreditiv 463875 mu/d

Sehr geehrte Damen und Herren,

wir beziehen uns auf unser Fax von heute und möchten Sie bitten das obengenannte Akkreditiv um einen Monat zu verlängern.
Die Verlängerung wird notwendig, da wir für die Umrüstung auf die südamerikanischen Märkte auf Zulieferteile von Unterlieferanten angewiesen sind. Wir haben diese nicht fristgerecht erhalten, so dass wir nicht Ende November, sondern erst Anfang Januar nächsten Jahres liefern können.
Wir sind uns im Klaren darüber, dass wir Ihnen mit dieser Bitte zusätzliche Kosten verursachen und für Sie Schwierigkeiten mit Ihren Kunden entstehen.
Als langjährigen Kunden und Großabnehmer für den südamerikanischen Raum bitten wir Sie um Verständnis. Wir bieten Ihnen als Entschädigung für die entstandenen Unannehmlichkeiten einen einmaligen Sondernachlass von 0,3 % pro Auto an.
Leider können wir Ihnen keinen besseren Bescheid geben.
Wir freuen uns auf eine Nachricht von Ihnen.

Mit freundlichen Grüßen

Bieler GmbH & Co. KG

Petra Renner

Petra Renner

Geschäftsführer: Alexander Bieler
Persönlich haftender Gesellschafter: Manfred Bieler

UST(VAT)-Id-Nr. DE 639 003 582
Amtsgericht München: HRB 69320

Bankhaus Schneider & Klieng, München
Konto 3 61 75-603 (BLZ 705 210 01)

Formulierungstraining

Übung 1 Setzen Sie die Satzteile richtig zusammen.

1	c

1 Am 17. 1. 19.. haben wir Müllcontainer bestellt
2 Unsere Bestellung vom 28. 2. 19.. haben Sie bestätigt
3 Obwohl wir Ihre Versandanzeige bereits vor 14 Tagen erhielten,
4 Aufgrund Ihrer festen Zusage
5 Ihr Lieferverzug
6 Wegen Ihres Verzugs
7 Teilen Sie uns bitte unverzüglich mit,
8 Wir setzen Ihnen
9 Sollte die Ware nicht bis zum 31. 7. 19.. bei uns eintreffen,
10 Wir werden dann vom Vertrag zurücktreten

a bringt uns in eine sehr unangenehme Lage.
b werden wir die Annahme verweigern.
c und um Lieferung bis zum 18. 3. 19.. gebeten.
d oder Schadenersatzansprüche geltend machen.
e müssen wir unsere wichtigsten Kunden enttäuschen.
f haben wir unseren Kunden pünktliche Lieferung versprochen.
g wann die Ware spätestens bei uns eintrifft.
h ist Ihre Lieferung bis heute nicht eingetroffen.
i und die Lieferung bis zum 30. 4. 19.. zugesagt.
j eine Nachfrist bis zum 15. 6. 19..

Übung 2 Setzen Sie die fehlenden Wörter ein.

Verzögerung
höherer
Schadenersatz
Fertigstellung
geklärt
einhalten
Forderung
beschleunigen
versichern
Lieferant
bedauern
Bescheid
Schaden
befindet
Nachfrist
Erdbeben
Bedarf

Sehr geehrter Herr Marbert,

leider konnten wir die uns gesetzte ____________ nicht ____________. Der Grund für diese ____________ ist, wie Sie wissen, das schwere ____________ in Kobe (Japan), wo sich ein wichtiger ____________ von uns ____________. Es war uns nicht möglich, unseren ____________ anderweitig zu decken. Da somit ein Fall ____________ Gewalt vorliegt, ____________ wir den Ihnen entstandenen ____________ zwar sehr, müssen aber jede ____________ auf ____________ ablehnen. Sobald sich die Lage ____________ hat, werde ich Ihnen ____________ geben. Ich kann Ihnen ____________, dass wir alles tun werden, um die ____________ der Geräte zu ____________.

Mit freundlichen Grüßen

Übung 3 Rekonstruieren Sie den Brief.

Herr Nehrut, Geschäftsführer einer Druckerei in Bombay, hat auf das Angebot eines bayerischen Produzenten mit einer Bestellung reagiert. Die zugesagte und bereits angemahnte Lieferung blieb aus.

Sehr geehrter Herr Vorderhuber,

am 19.4.19.. haben wir bei Ihnen • Die Lieferung ist aber • dass wir die Anlage bis spätestens 30.6.19.. benötigen. • In unserem Auftrag haben wir • Sie haben uns diesen Termin • immer noch nicht bei uns eingetroffen. • ausdrücklich darauf hingewiesen, • am 28.4.19.. auch bestätigt. • eine Druckmaschine vom Typ 3022 WX bestellt.

Dieser Liefertermin war für uns deswegen so wichtig, • ist nicht mehr möglich, weil • vertragliche Verpflichtungen haben, • weil die alte Druckmaschine nur noch mit halber Kapazität arbeitet. • Eine Überholung der Anlage oder eine Reparatur • Da wir gegenüber zahlreichen Kunden • für diesen Typ keine Ersatzteile mehr hergestellt werden. • sind wir bereits in große Schwierigkeiten geraten.

Auf eine Mahnung vom 1.7.19.. • eine Nachfrist bis zum 31.8.19.. • Sollten Sie bis dahin nicht liefern, • haben Sie nicht reagiert. • Für eventuelle Mehrkosten und den bis dahin entstandenen Schaden • werden wir einen anderen Hersteller beauftragen. • Deshalb setzen wir Ihnen hiermit • werden wir Sie haftbar machen.

Mit freundlichen Grüßen

Grammatik

dass-Sätze

Es freut uns, dass Sie unsere Lage verstehen.
Wir hoffen , dass Sie bis Ende Mai liefern werden.
Wir verlassen uns darauf, dass Sie rechtzeitig liefern.

Die *dass*-Sätze sind Nebensätze. Das Verb steht deshalb am Ende.

Übung 4 Bilden Sie Sätze nach folgendem Beispiel. Benutzen Sie dabei Pronomen.

Wir liefern den Schrank morgen. → Schön, dass Sie ihn morgen liefern.

1 Der Kundendienst kommt heute. – Schön, ...
2 Die Versandabteilung ist geschlossen. – Schade, ...
3 Herr Möllemann, Sie haben den Termin verpasst. – Zu dumm, ...
4 Die Firma schickt die Waren heute noch ab. – Schön, ...
5 Ich habe den Direktor nicht erreicht. – Zu dumm, ...
6 Unsere Buchhaltung überweist den Betrag noch heute. – Gut, ...
7 Ich habe die Verpackung extra markiert. – Gut, ...
8 Die Firma hat den Abteilungsleiter informiert. – Gut, ...
9 Unser Sonderangebot gilt leider nicht mehr. – Schade, ...

Infinitivkonstruktionen

Wir hoffen, dass *wir* keine Probleme bekommen.
Subjekt Hauptsatz = Subjekt Nebensatz → Infinitivkonstruktion:
Wir hoffen keine Probleme *zu* bekommen.

Ich bitte *den Lieferanten,* dass *er* heute anruft.
Objekt (Person) Hauptsatz = Subjekt Nebensatz → Infinitivkonstruktion:
Ich bitte *den Lieferanten*, heute an*zu*rufen.

Es ist notwendig, dass *man* die Termine einhält.
Unpersönliches Subjekt in Hauptsatz und Nebensatz → Infinitivkonstruktion:
Es ist notwendig die Termine ein*zu*halten.

Bei trennbaren Verben steht *zu* zwischen dem Präfix und dem Verb.

Nach Verben wie z. B. *wissen, sagen, hören, sehen* kann man keine Infinitivkonstruktion bilden.

Übung 5 Bilden Sie Sätze mit einer Infinitivkonstruktion. Wenn das nicht möglich ist, bilden Sie einen *dass*-Satz.

1 Die Firma verlässt sich darauf – wir liefern noch in diesem Monat

2 Der Kollege erinnert sich daran – der Kunde will morgen früh vorbeikommen

3 Frau Frische versucht – sie verbindet mich mit der Buchhaltung

4 Wir möchten Sie bitten – verlängern Sie das Akkreditiv um einen Monat

5 Es ist uns nicht möglich – wir können Ihnen eine längere Frist einräumen

6 Es ist schwierig – man überzeugt einen Bankdirektor

7 Frau Panadero weiß – sie muss den Chef informieren

8 Es freut uns – wir können Ihnen mitteilen – unser neues Produkt ist auf dem Markt

9 Wir haben Sie ausdrücklich darauf hingewiesen – unsere Produktionsabteilung benötigt die Lieferung Ende des Monats

Zukunft – Futur

Unser Werbeassistent besucht Sie morgen.
Wir liefern erst Anfang nächsten Jahres.
Ich gebe Ihnen bald Bescheid.

Um auszudrücken, dass ein Sachverhalt in der Zukunft stattfindet, wird im Deutschen meistens das Präsens in Verbindung mit einer Temporalangabe benutzt.

Feste Absicht: *werden* + Infinitiv
Sollten Sie nicht pünktlich liefern, werden wir die Annahme verweigern.
Die Mehrkosten werden wir Ihnen in Rechnung stellen.

Hier wird mit der Futurform nicht nur eine zukünftige Handlung ausgedrückt, sondern gleichzeitig die feste Absicht der handelnden Person betont.

Übung 6 Bilden Sie Sätze nach folgendem Beispiel.

Wir haben die Absicht vom Vertrag zurückzutreten.
→ Wir werden vom Vertrag zurücktreten.

1 Wir haben die Absicht Schadenersatz geltend zu machen.
2 Wir beabsichtigen alles zu tun, um die Fertigung zu beschleunigen.
3 Wir haben vor Sie haftbar zu machen.
4 Unsere Firma hat den Plan auf einen anderen Lieferanten zurückzugreifen.
5 Wir haben die feste Absicht den Termin einzuhalten.
6 Ich habe vor die Geschäftsleitung zu informieren.
7 Wir haben die Absicht Ihnen so bald wie möglich Bescheid zu geben.
8 Ich habe vor Sie sofort zu informieren.
9 Der Prokurist beabsichtigt den Vertrag zu unterschreiben.

Vermutung: *werden* (+ *wohl/wahrscheinlich/vermutlich*) + Infinitiv
Herr Heller wird wohl in der Buchhaltung sein.
Sie wird vermutlich nach Spanien geflogen sein.
Herr Müller wird die Waren wahrscheinlich schon bestellt haben.

Für die Vergangenheit verwendet man *werden* + Infinitiv Perfekt (*geflogen sein / bestellt haben*).

Übung 7 Bilden Sie Sätze nach folgendem Beispiel.

Ich weiß nicht genau, ob er krank ist. (wohl) → Er wird wohl krank sein.

1 Ich glaube, dass er heute noch kommt. (wohl)
2 Ich vermute, dass sie das Fax schon losgeschickt hat. (vermutlich)
3 Wir nehmen an, dass die Firma Terminschwierigkeiten hat. (vielleicht)
4 Ich denke, dass der Filialleiter auch zur Konferenz kommt. (wahrscheinlich)
5 Die Assistentin glaubt, dass sein Flugzeug schon gelandet ist. (wohl)
6 Ich denke, dass der Betriebsrat zu diesem Problem ausführlich Stellung nimmt. (wahrscheinlich)
7 Ich vermute, dass der Abteilungsleiter unsere Unterlagen schon bekommen hat. (vermutlich)
8 Ich glaube, dass er den Vertrag schon unterschrieben hat. (wohl)
9 Ich vermute, dass sich die Firmenleitung an die Vereinbarung hält. (wahrscheinlich)
10 Wir nehmen an, dass sie eine Vereinbarung treffen. (wohl)

Brieftraining

Brief I

Sie sind: Bestattungsunternehmen „Ruhe in Frieden"
Sie schreiben an: Kunstschreinerei Nagel
Sie wollen: Lieferung über 140 Eichensärge anmahnen

Brief II

Sie sind: Kunstschreinerei Nagel
Sie schreiben an: Bestattungsunternehmen „Ruhe in Frieden"
Sie wollen: die telefonisch vereinbarte Lieferung auf obige Mahnung hin bestätigen

Wichtig

Wenn Sie mahnen:
- Beziehen Sie sich auf Ihre Bestellung sowie den ursprünglichen Liefertermin.
- Begründen Sie, warum die Verzögerung für Sie so nachteilig ist.
- Setzen Sie Ihrem Lieferanten eine Nachfrist.
- Nennen Sie die möglichen Konsequenzen.

Wenn Sie selber in Verzug sind:
- Teilen Sie dem Kunden am besten selbst mögliche Verzögerungen mit, bevor er Sie mahnt.
- Formulieren Sie Ihr Bedauern und schreiben Sie, warum Sie nicht rechtzeitig liefern konnten.
- Nennen Sie einen neuen Liefertermin.
- Drücken Sie persönliches Engagement aus.

Hörtraining

Frau Benedetti, Verkaufsleiterin beim italienischen Gemüseexporteur Santini, befindet sich in einer unangenehmen Lage. Aufgrund von Überschwemmungen ist Ihre Firma nicht in der Lage die bestellte Ware rechtzeitig zu liefern. Sie muss deswegen wichtige Großkunden vertrösten.

Übung 8 Hören Sie das Gespräch und beantworten Sie die Fragen.

1 Wie heißt die Firma, wo Herr Jonas arbeitet?
2 Welche Situation herrscht zur Zeit bei der Firma Santini?
3 Warum ruft Frau Benedetti Herrn Jonas an?
4 Welche Einrichtungen der Firma Santini sind in großer Zahl zerstört worden?
5 Wie heißt der juristische Ausdruck für das Dilemma?
6 Ab wann hofft Frau Benedetti, wieder liefern zu können?
7 Warum kann die Firma von Herrn Jonas nicht woanders einkaufen?
8 Was vereinbart Frau Benedetti mit Herrn Jonas?
9 Wie versucht Herr Jonas, den Schaden für sein Geschäft möglichst gering zu halten?

Übung 9 Was meinen Sie?

1 Finden Sie das Verhalten von Herrn Jonas zynisch, wenn er trotz der schwierigen Lage bei Santini sofort an sein Geschäft denkt und bei der nächsten Gelegenheit sogar nochmals über den Preis verhandeln möchte?

____

____

____

____

____

2 Hätte Frau Benedetti vielleicht von sich aus einen Preisnachlass anbieten sollen?

____

____

____

____

____

11

Mängelrüge – Antwort auf eine Mängelrüge

Haben Sie sich nicht auch schon darüber geärgert, dass Sie eine Lieferung mit Mängeln erhalten haben? Meistens liegen die Mängel in der

- Art (Sie haben die falsche Ware bekommen)
- Menge (Sie haben zu viel oder zu wenig erhalten)
- oder Qualität (die Ware ist verdorben oder beschädigt).

Mängel sind ein Grund, sich beim Lieferanten zu beschweren. Eine solche Beschwerde (Beanstandung, Reklamation) nennt man *Mängelrüge*.

Beachten Sie dabei bitte, dass auch Sie Pflichten haben: Sie müssen die angelieferte Ware sofort prüfen, denn nur bei sofort entdeckten Mängeln können Sie Ihr Recht geltend machen. Sie können dann verlangen, dass die Lieferfirma

- den Vertrag rückgängig macht (Wandlung)
- Ihnen einen Preisnachlass gewährt (Minderung)
- Ersatzware liefert (Umtausch) bzw. die Ware repariert
- oder Schadenersatz leistet.

Bei manchen Lieferungen können Sie nur Stichproben machen; die wirklichen Mängel stellen sich erst später heraus. Man spricht dann von versteckten Mängeln. Für diesen Fall ist eine gesetzliche Beanstandungsfrist von sechs Monaten vorgeschrieben.

Was aber, wenn Sie selber Lieferant sind und von einem Kunden eine Mängelrüge erhalten? Prüfen Sie diese Reklamation genau. Finden Sie heraus, ob sie berechtigt ist.

- Wenn ja, entschuldigen Sie sich beim Kunden und bringen die Angelegenheit schnell in Ordnung.
- Wenn nicht, dann weisen Sie die Beschwerde höflich zurück.

Manche Fälle sind zweifelhaft. Zeigen Sie sich dann lieber kulant, denn: Einen guten Kunden verliert man schließlich nicht gern.

Modehaus Werner

Textilfabrik Bussart AG
Frau Hagen
Werinherstr. 15

83644 München

20.6.19..

Ihre Lieferung vom 10.6.19..

Sehr geehrte Frau Hagen,

wir haben Ihre Sendung vom 10.6.19.. erhalten.
Leider haben 20 der gelieferten Sakkos kleine
Webfehler. Wir hoffen, dass wir sie zu reduzier-
ten Preisen trotzdem verkaufen können, und
schlagen Ihnen deshalb vor, dass Sie uns auf die
gesamte Sendung einen Preisnachlass von 10% ge-
währen.

Bitte teilen Sie uns mit, ob Sie mit diesem Vor-
schlag einverstanden sind. Wenn nicht, werden
wir uns erlauben Ihnen die schadhaften Exemplare
zurückzuschicken.

Mit freundlichen Grüßen

Modehaus Werner GmbH & Co. KG

i.A. Paul Kristofferson

Modehaus Werner GmbH & Co. KG
Am Schlosswall 6, D-24959 Lübeck
Postfach 1203, D-24963 Lübeck
Telefon (04 61) 3 65 21-0
Telefax (04 61) 3 65 21-36

Wieber-Bank Flensburg
BLZ 260 400 01
Konto 44 68 900
Amtsgericht Flensburg: HRB 8931
Geschäftsführer: Felix Dannhäuser

Textilfabrik Bussart AG

Textilfabrik Bussart AG · Postfach 3603 · D-83641 München

Modehaus Werner GmbH & Co. KG
Herrn Kristofferson
Postfach 1203

24959 Flensburg

23.6.19..

Ihr Schreiben vom 20.6.19..

Sehr geehrter Herr Kristofferson,

vielen Dank für Ihr Schreiben vom 20.6.19.. Es tut mir sehr leid, dass Sie mit einem Teil unserer Lieferung nicht zufrieden sind. Bei unserem Stofflieferanten hat es einige technische Probleme gegeben, die wir selbst leider nicht rechtzeitig bemerkt haben. Wir müssen daher die von Ihnen festgestellten Mängel bestätigen.

Mit Ihrem Vorschlag, dass Sie auf die gesamte Sendung einen Preisnachlass von 10% erhalten, sind wir einverstanden.

Mit freundlichen Grüßen

Textilfabrik Bussart AG

C. Hagen

ppa. Claudia Hagen

Werinherstraße 15, D-83644 München · Postfach 3603, D-83641 München
Telefon (0 89) 65 32 89-0 · Telefax (0 89) 65 32 89-302 · Telex 423 567 Buss d
Bankhaus Mausch & Co. München · BLZ 700 100 83 · Kto 103 114 402
Postgiroamt München · BLZ 700 100 80 · Kto 362 36-805
UST(VAT)-Id-Nr. DE 129 010 567 · Sitz der Aktiengesellschaft: München · Amtsgericht München: HRB 7193
Vorsitzender des Aufsichtsrates: Dr. Max Meindl · Vorstand: Andreas Glas, Peter Wapneski

Formulierungstraining

Übung 1 Suchen Sie die Sätze heraus, die eine ähnliche Bedeutung haben.

1	b

1 Wir danken Ihnen für die Lieferung.
2 Leider mussten wir feststellen, dass die gelieferte Ware folgende Mängel aufweist:
3 Sie haben sich in der Stückzahl geirrt.
4 Die Farbe stimmt nicht mit dem Muster überein.
5 Wir schicken Ihnen die mangelhaften Exemplare zurück und bitten Sie um Ersatz.
6 Bei einem Preisnachlass von 10 % behalten wir die Ware.
7 Ich hoffe, dass wir uns schnell auf eine Lösung einigen können.

a Von diesem Artikel haben Sie zu viele Exemplare geliefert.
b Wir bestätigen dankend den Erhalt Ihrer Lieferung.
c Die beschädigten Exemplare sollten so schnell wie möglich ersetzt werden.
d Wir hatten die Hemden in Hellblau, nicht in Dunkelblau bestellt.
e Wenn Sie einen Preisnachlass auf die gesamte Lieferung gewähren, betrachten wir die Angelegenheit als erledigt.
f Die Warensendung stimmt in einigen Punkten nicht mit Ihrem Muster überein:
g Die Sache lässt sich hoffentlich schnell bereinigen.

Übung 2 Setzen Sie die fehlenden Wörter ein.

hinweisen
Regelung
vorbeizuschicken
leid
erforderlichen
allerdings
festgestellten
abgelaufen
Obwohl
Garantiezeit
Mängel
Kosten

Sehr geehrte Damen und Herren,

wir haben Ihr Schreiben vom 26.4.19.. erhalten. Es tut uns ____________, dass Sie mit Ihrem Whirlpool „Taifun 2000" solche Probleme haben. Wir müssen Sie ____________ darauf ____________, dass die ____________ bereits ____________ ist. ____________ wir also nicht dazu verpflichtet wären, sind wir bereit Ihnen unseren Techniker ____________. Er wird die von Ihnen ____________ ____________ prüfen und die ____________ Reparaturen auf unsere ____________ durchführen.

Ich hoffe, Sie sind mit dieser ____________ einverstanden.

Mit freundlichen Grüßen

Grammatik

Indirekte Fragesätze

Diese Situation kennen Sie bestimmt: Sie stellen eine Frage, und Ihr Gesprächspartner versteht Sie nicht. Sie wiederholen Ihre Frage in indirekter Form.

◀ Wann können Sie liefern?
▶ Wie bitte?
◀ Ich möchte wissen, wann Sie liefern können.

direkte Frage		indirekte Frage
Wann kommt die Lieferung bei uns an?	→	Bitte teilen Sie uns mit, *wann* die Lieferung bei uns ankommt.
An wen haben Sie das Fax geschickt?	→	Ich möchte wissen, *an wen* Sie das Fax geschickt haben.

Die Fragewörter und Präpositionen (*wann, an wen*) der direkten Frage werden auch bei der indirekten Frage verwendet. Ist bei der direkten Frage kein Fragewort vorhanden, dann steht in der indirekten Frage die Konjunktion *ob*.

Sind Sie mit dem Vorschlag einverstanden?	→	Bitte teilen Sie uns mit, *ob* Sie mit dem Vorschlag einverstanden sind.

Bei allen indirekten Fragesätzen steht das konjugierte Verb am Ende. Nach einem indirekten Fragesatz steht kein Fragezeichen.

Übung 3 Bilden Sie indirekte Fragesätze.

1 Warum haben die Sakkos kleine Webfehler? – Wir möchten wissen, ...
2 Können Sie uns einen Preisnachlass von 10% geben? – Ich möchte wissen, ...
3 Sind Sie mit dem Vorschlag einverstanden? – Bitte teilen Sie uns mit, ...
4 Wo können wir die Ware in Empfang nehmen? – Wir möchten wissen, ...
5 Wie hoch ist die Mehrwertsteuer auf diese Waren? – Bitte sagen Sie uns, ...
6 Wann bestätigen Sie Ihren Auftrag? – Bitte teilen Sie uns mit, ...
7 Schicken Sie die Lieferung an die neue Adresse? – Wir möchten wissen, ...
8 Haben Sie der Firma schon ein Fax geschickt? – Ich möchte wissen, ...
9 Warum haben Sie die Bestellung rückgängig gemacht? – Teilen Sie uns bitte mit, ...
10 Mit wem in der Firma haben Sie gesprochen? – Ich möchte wissen, ...
11 Kommt die Lieferung noch in dieser Woche? – Ich weiß nicht, ...
12 In welcher Farbe haben wir die Hemden bestellt? – Ich sehe mal nach, ...
13 Führen wir die Reparaturen auf unsere Kosten aus? – Ich weiß nicht, ...
14 Ist die Garantiezeit schon abgelaufen? – Sehen Sie doch bitte mal nach, ...
15 Welche Lieferfrist hat die Firma? – Fragen Sie doch bitte nach, ...

Konzessivsätze

Die Firma Lush bekommt mehrere Reklamationen wegen des Whirlpools „Taifun 2000", allerdings erst nach Ablauf der Garantiezeit. Da die Firma ihre Kunden nicht verlieren will, entschließt sie sich dazu, die Whirlpools trotzdem auf ihre Kosten zu reparieren.

Gegengrund	**Situation**
Obwohl wir nicht dazu verpflichtet sind,	übernehmen wir die Reparaturkosten.

oder:

Situation	**Gegengrund**
Wir übernehmen die Reparaturkosten,	*obwohl* wir nicht dazu verpflichtet sind.

Obwohl leitet einen Nebensatz ein, das Verb steht am Satzende.

Man kann diese Information auch mit *trotzdem* ausdrücken:

Situation	**unerwartete Folge**
Wir sind nicht dazu verpflichtet,	*trotzdem* übernehmen wir die Reparaturkosten.

Trotzdem leitet einen Hauptsatz ein. Der Satz mit *trotzdem* muss an zweiter Stelle stehen.

Übung 4 Verbinden Sie die Sätze zuerst mit *obwohl*, anschließend mit *trotzdem*.

1 Der Kopierer funktioniert nicht. Er wurde schon oft repariert.

2 Der Streik hat die Firma in Schwierigkeiten gebracht. Die Firma hält den Liefertermin ein.

3 Die Garantiezeit ist abgelaufen. Wir nehmen die beanstandeten Exemplare zurück.

4 Die Firma ist nicht dazu verpflichtet. Sie gewährt einen Preisnachlass.

5 Die Ware ist bis heute noch nicht angekommen. Wir haben die Ware per Express geschickt.

6 Der Betrag ist noch nicht gutgeschrieben. Wir haben den Scheck schon vor einer Woche bei der Bank eingereicht.

7 Ihre Überweisung ist noch nicht bei uns eingegangen. Sie haben uns die Zahlung schon lange zugesagt.

8 Wir haben hellblaue Hemden bestellt. Sie haben dunkelblaue Hemden geliefert.

9 Ich habe schon mehrmals bei der Firma angerufen. Ich habe Herrn Möllemann noch nicht erreicht.

10 Er ist ein guter Mitarbeiter. Er hat sehr wenig Geduld.

schon – noch nicht/noch kein
noch – nicht mehr/kein ... mehr

schon = früher als erwartet, bereits

Die Firma liefert *schon* diese Woche.
Der Betrag ist *schon* auf unserem Konto eingegangen.
Wir haben heute *schon* eine Zahlung erhalten.

noch nicht/noch kein

Die Firma hat *noch nicht* geliefert.
Der Betrag ist *noch nicht* auf unserem Konto eingegangen.
Wir haben heute *noch keine* Zahlung erhalten.

noch = später/länger als erwartet

Tut mir leid, ich kann Sie nicht verbinden, der Kollege telefoniert *noch*.
Wollen Sie *noch* etwas warten?
Wir haben für die Ausführung des Auftrags *noch* viel Zeit.

nicht mehr/kein ... mehr

Er telefoniert *nicht mehr.*

Wir können *nicht mehr* warten.
Wir haben für die Ausführung des Auftrags *keine* Zeit *mehr.*

Übung 5 Formulieren Sie die folgenden Sätze negativ.

1 Ich habe die Firma schon angerufen.
2 Die Firma liefert noch in dieser Woche.
3 Der Kundendienst ist schon informiert.
4 Wir haben noch genügend Faxformulare.
5 Wir haben schon einen Vertrag unterschrieben.
6 Der Mitarbeiter kommt heute noch zurück.
7 Herr Möllemann hat schon ein Angebot abgeschickt.
8 Die Garantiezeit ist schon abgelaufen.
9 Der Vertrag kann noch rückgängig gemacht werden.
10 Er hat noch weitere Beanstandungen.

Brieftraining

Brief I

Sie sind:	Müttererholungsheim „Sonne“, Mittenwald, Deutschland
Sie schreiben an:	Sauerkrauthersteller Stutental, Heidelberg, Deutschland
Sie wollen:	sich beschweren, dass die letzte Sauerkrautlieferung einen merkwürdigen Beigeschmack hatte

Brief II

Sie sind:	Sauerkrauthersteller Stutental
Sie schreiben an:	Müttererholungsheim „Sonne“
Sie wollen:	die Beschwerde zurückweisen (Hinweis auf ein altes Hausrezept), den Kunden aber nicht verlieren

Wichtig Wenn Sie eine Mängelrüge formulieren:

- Bestätigen Sie, dass Sie die Ware erhalten und geprüft haben.
- Benennen Sie die Mängel so präzise wie möglich.
- Fordern Sie den Lieferanten auf Stellung zu nehmen und
- nehmen Sie eventuell Ihre Rechte als Käufer in Anspruch.

Wenn Sie selbst eine Mängelrüge erhalten:

- Betonen Sie, dass Sie die Einwände sorgfältig geprüft haben.
- Erkennen Sie die Reklamation an und entschuldigen Sie sich
- oder weisen Sie nach, dass die Beschwerde nicht berechtigt ist.
- Akzeptieren Sie den Vorschlag bzw. die Aufforderung des Kunden
- oder schlagen Sie selbst eine Lösung vor.

Hörtraining

Nehmen Sie am Telefon öfter Reklamationen entgegen? Wenn ja, dann geht es Ihnen wie Frau Zeck, Sachbearbeiterin der Firma Bergmann. Heute war es besonders unangenehm für sie: APP, ein renommierter Pumpenhersteller und Großkunde, hat die letzte Lieferung von Dichtungen reklamiert.

Hören Sie sich jetzt das Gespräch auf der Kassette an. Frau Zeck hat aus dieser Situation wirklich das Beste für sich und ihre Firma gemacht. Wieso? – Das herauszufinden ist Ihre Aufgabe. Hier sind die „goldenen Regeln" der angemessenen Reaktion auf Beschwerden:

Regel 1 Aktiv zuhören, Interesse für den Gesprächspartner und sein Anliegen zeigen
Regel 2 Positiv und hilfsbereit reagieren
Regel 3 Verständnis für den Gesprächspartner zeigen
Regel 4 Erwartungen des Gesprächspartners bestätigen
Regel 5 Eigene Fehler zugeben
Regel 6 Sich für die eigenen Fehler entschuldigen
Regel 7 Persönlichen Einsatz bei der Problemlösung zeigen

Übung 6 Hören Sie das Gespräch noch einmal und notieren Sie die Formulierungen, die Frau Zeck verwendet. Falls Sie dabei Hilfe brauchen, dann lesen Sie den Hörtext zu dieser Lektion im Anhang.

1 Sie hat Verständnis für Herrn Bergströms Ärger (2 Beispiele).
2 Sie reagiert positiv auf seine Kritik.
3 Sie gibt eigene Fehler zu (2 Beispiele).
4 Sie möchte die Erwartungen von Herrn Bergström bestätigen.
5 Sie entschuldigt sich.
6 Sie macht deutlich, dass Sie sich persönlich für die Lösung des Problems einsetzen wird.

12

Zahlungsverzögerung Mahnung – Antwort auf eine Mahnung

Wenn Ihr Kunde nicht rechtzeitig zahlt, dann schicken Sie ihm zunächst eine *Zahlungserinnerung*. Sie
- machen darin den Kunden auf den noch ausstehenden Rechnungsbetrag aufmerksam,
- fügen eventuell eine Rechnungskopie oder einen Kontoauszug bei und
- fordern den Kunden freundlich – aber bestimmt – zur Überprüfung und Zahlung auf.

Ist dieses Schreiben erfolglos, so beginnen Sie mit der eigentlichen *Mahnung* des säumigen Schuldners. In der ersten Mahnung beziehen Sie sich auf die Zahlungserinnerung und stellen zusätzlich zum ohnehin geschuldeten Betrag eventuell eine Mahngebühr in Rechnung.

In der zweiten Mahnung werden Sie schon etwas deutlicher. Sie
- beziehen sich auf die Zahlungserinnerung sowie auf die erste Mahnung (einschließlich der fälligen Mahngebühr) und
- setzen dem Kunden eine Frist, bis wann er den Betrag bezahlen soll.

Zahlt er dann immer noch nicht, bekommt er von Ihnen eine dritte und letzte Mahnung. Sie
- nehmen Bezug auf Ihre bisherigen Mahnschreiben,
- setzen dem Kunden eine zweite Frist und
- kündigen bei Nichteinhaltung dieser letzten Frist rechtliche Schritte an.

Bitte beachten Sie: Der Ton sollte zwar von Mahnung zu Mahnung immer bestimmter sein, aber trotzdem höflich bleiben. Sie wollen schließlich keinen Kunden verlieren.

Vielleicht sind ja auch Sie der säumige Schuldner. Dann
- teilen Sie dem Gläubiger die Gründe für Ihren Zahlungsverzug mit und entschuldigen sich,
- weisen Sie darauf hin, dass Sie die Zahlung bereits veranlasst haben, oder
- bitten Sie ihn – falls Sie in finanziellen Schwierigkeiten sind – um einen Zahlungsaufschub.

earthwind deutschland

earthwind deutschland
recycling gmbh
bahnstraße 20
d-56841 traben-trarbach
postfach 301
d-56838 traben-trarbach
telefon (0 65 41) 43-0
fax (0 65 41) 43-21

Sauter GmbH & Co. KG
Abt. M-EP
Postfach 1560

56805 Cochem

11.12.19..

Mahnung

Sehr geehrte Damen und Herren,

bei Durchsicht unserer Konten haben wir festgestellt, dass Sie die nachstehend aufgeführte Rechnung trotz Zahlungserinnerung vom 10.11.19.. noch nicht bezahlt haben:

Rechnung Nr. SA93S01430 vom 2.9.19..
fällig am 2.10.19..
DM 95 000,-

Wir bitten um Überprüfung und Überweisung des fälligen Betrags zuzüglich einer Mahngebühr von DM 100,- in den nächsten Tagen. Sollten Sie die Zahlung bereits veranlasst haben, betrachten Sie dieses Schreiben bitte als gegenstandslos.

Für Rückfragen stehen wir Ihnen gerne zur Verfügung.

Mit freundlichen Grüßen

Earthwind Deutschland

M. Zaun

ppa. Margarethe Zaun

deutsche bank traben-trabach
blz 205 600 03
konto 765 800 980
amtsgericht traben-trarbach
hrb 905
geschäftsführer: axel günzdorff

earthwind deutschland

earthwind deutschland
recycling gmbh
bahnstraße 20
d-56841 traben-trarbach
postfach 301
d-56838 traben-trarbach
telefon (0 65 41) 43-0
fax (0 65 41) 43-21

Sauter GmbH & Co. KG
Abt. M-EP
Postfach 1560

56805 Cochem

12.1.19..

Zweite Mahnung

Sehr geehrte Damen und Herren,

für die nachstehend aufgeführte Rechnung konnten wir trotz Zahlungserinnerung vom 10.11.19.. und Mahnung vom 11.12.19.. bisher noch keinen Zahlungseingang feststellen:

Rechnung Nr. SA93S01430 vom 2.9.19..
fällig am 2.10.19..
DM 95 000,-

Für die Begleichung der überfälligen Rechnung zuzüglich der Mahngebühr von DM 100,- setzen wir Ihnen eine Frist bis zum 31.1.19..
Ab sofort müssen wir Ihnen leider Verzugszinsen in Höhe von 0,5% pro Monat berechnen.

Mit freundlichen Grüßen

Earthwind Deutschland

M. Zaun

ppa. Margarethe Zaun

deutsche bank traben-trabach
blz 205 600 03
konto 765 800 980
amtsgericht traben-trarbach
hrb 905
geschäftsführer: axel günzdorff

earthwind deutschland

earthwind deutschland
recycling gmbh
bahnstraße 20
d-56841 traben-trarbach
postfach 301
d-56838 traben-trarbach
telefon (0 65 41) 43-0
fax (0 65 41) 43-21

Sauter GmbH & Co. KG
Abt. M-EP
Postfach 1560

56805 Cochem

14.2.19..

Dritte Mahnung

Sehr geehrte Damen und Herren,

für die nachstehend aufgeführte Rechnung konnten wir trotz Zahlungserinnerung vom 10.11.19.. und zweier Mahnungen vom 11.12.19.. und 12.1.19.. bisher noch keinen Zahlungseingang feststellen:

Rechnung Nr. SA93S01430 vom 2.9.19..
fällig am 2.10.19..
DM 95 000,-

Für die Begleichung der überfälligen Rechnung zuzüglich der Mahngebühr setzen wir Ihnen eine letzte Frist bis zum 28.2.19.. Sollte bis dahin der Betrag nicht bei uns eingegangen sein, sehen wir uns leider gezwungen rechtliche Schritte gegen Sie einzuleiten.

Mit freundlichen Grüßen

Earthwind Deutschland

M. Zaun

ppa. Margarethe Zaun

deutsche bank traben-trabach
blz 205 600 03
konto 765 800 980
amtsgericht traben-trarbach
hrb 905
geschäftsführer: axel günzdorff

UNIVERSITÄT DES SAARLANDES
FACHBEREICH 8 — NEUERE SPRACH- UND LITERATURWISSENSCHAFTEN
FACHRICHTUNG 8.2 — Romanistik

Universität des Saarlandes - Postfach 151150 - D-66041 Saarbrücken

Max Hueber Verlag
Max-Hueber-Straße 4

85737 Ismaning

Ihr Zeichen
Ihre Nachricht vom
Unser Zeichen
Saarbrücken, den 20.08.19..

Bibl. Mod. Fremdsprachenunterricht (Abo)
Ihre Mahnung vom 12.08.19..
Belegnummer 151109

Sehr geehrte Damen und Herren,

Ihre Rechnung haben wir am 04.05.19.. an das Rechnungsamt der Universität weitergeleitet, von wo aus die Überweisung hätte erfolgen sollen.

Es ist möglich, dass das Rechnungsamt noch nicht überwiesen hat. Wir werden dies prüfen und gegebenenfalls einen Eilauftrag erteilen. Da es sich sicherlich nur um ein Versehen handelt, möchten wir Sie bitten Ihren Rechtsanwalt nicht einzuschalten.

Bitte haben Sie Verständnis dafür, dass es etwas länger als die von Ihnen gesetzte Frist von acht Tagen dauern kann, bis die Überweisung bei Ihnen eintrifft, da wir auf den genauen Überweisungstag auch keinen Einfluss haben.

Bitte schicken Sie uns ein Antwortfax.

Mit freundlichen Grüßen

IB Romanistik

Hausanschrift:
Im Stadtwald
Gebäude 11
66123 Saarbrücken

Telefon: (0681) 302-2307
302.3257

e-mail: roman@rz.uni-sb.de

Telefax: (0681) 302.4588

Formulierungstraining

Übung 1 Setzen Sie die Satzteile richtig zusammen.

1	c

1 Sicher ist es Ihrer Aufmerksamkeit entgangen,
2 Bei Durchsicht unserer Konten stellten wir fest,
3 Wir bitten Sie, den fälligen Betrag
4 Wir bitten Sie um baldige Bezahlung
5 Sollten Sie die Zahlung bereits veranlasst haben,
6 Trotz unserer Mahnung vom 15. 11. 19. .
7 Leider haben Sie
8 Wir erwarten
9 Wir müssen Ihnen leider
10 Nach Ablauf dieser Frist
11 Sollten Sie bis dahin nicht gezahlt haben,

a auf unsere Zahlungserinnerung vom 3. 10. 19. . nicht reagiert.
b müssen wir Ihnen Mahnkosten und Verzugszinsen berechnen.
c unsere Rechnung vom 16. 3. 19. . zu begleichen.
d werden wir rechtliche Schritte gegen Sie einleiten.
e Ihre Zahlung bis spätestens 10. 12. 19. .
f in den nächsten Tagen zu überweisen.
g dass bei Ihnen folgende Rechnung zur Zahlung offen steht:
h der folgenden Rechnung:
i betrachten Sie diesen Brief bitte als hinfällig.
j eine Frist bis zum 30. 11. 19. . setzen.
k haben Sie bis heute nicht gezahlt.

Übung 2 Setzen Sie die fehlenden Wörter ein.

Buchhaltung
für
fällig
fristgerecht
angewiesen
um
umgestellt
ausstehenden
Betrag
begleichen
Verzögerung
überweisen

Sehr geehrte Frau Rau,

Ihre Rechnung Nr. 263-4 war am 12. 10. 19. . ______________ .
Leider war es uns nicht möglich, den noch ______________
Betrag von DM ... ______________ zu ______________,
weil unsere ______________ auf ein neues EDV-System
___________ wurde.

Wir haben heute unsere Bank ______________, den fälligen
______________ an Sie zu ______________. Wir bitten Sie
_____ diese ______________ _____ Entschuldigung.

Mit freundlichen Grüßen

Übung 3 Bringen Sie die Textteile in die richtige Reihenfolge.

__1__ Sehr geehrte Damen und Herren,
_____ auf unser Konto zu überweisen.
_____ ohne weitere Ankündigung
_____ Mit freundlichen Grüßen
_____ Falls zwischenzeitlich eine Zahlung erfolgt sein sollte,
_____ konnten wir für obengenannte Rechnungen
_____ Wir bitten Sie den Betrag bis spätestens 30. 5. 19..
_____ nehmen Sie bitte mit Herrn Horn Kontakt auf.
_____ noch keinen Ausgleich finden.
_____ trotz unserer Mahnungen vom 10. 3. 19.. und 15. 4. 19..
_____ keinen Zahlungseingang feststellen können,
_____ Sollten wir bis zu diesem Termin
_____ wird unsere Rechtsabteilung
_____ rechtliche Schritte veranlassen.

Grammatik

Temporale Nebensätze

Temporale Nebensätze werden durch eine Konjunktion eingeleitet. Durch die Konjunktion wird die Aktion des Nebensatzes in ein zeitliches Verhältnis zur Aktion im Hauptsatz gesetzt.

bevor

Die Assistentin kontrolliert das Konto, *bevor* sie den Kunden mahnt.
Die Aktion im Hauptsatz liegt zeitlich vor der Aktion im Nebensatz.

während

Während sie den Kontoauszug ausdruckt, klingelt das Telefon.
Die Aktionen in Hauptsatz und Nebensatz laufen gleichzeitig ab.

nachdem

Hauptsatz: Präsens	Nebensatz: Perfekt
Die Firma wartet auf Zahlungseingang,	*nachdem* sie den Kunden gemahnt hat.
Hauptsatz: Präteritum	Nebensatz: Plusquamperfekt
Die Firma wartete auf Zahlungseingang,	*nachdem* sie den Kunden gemahnt hatte.

Die Aktion im Hauptsatz liegt zeitlich nach der Aktion im Nebensatz.

bis

Ich warte im Büro, *bis* der Kunde anruft.
Die Aktion im Hauptsatz endet zu dem Zeitpunkt, an dem die Aktion im Nebensatz beginnt.

Übung 4 Verbinden Sie die Sätze mit *bevor, während* oder *nachdem*. Achten Sie bei *nachdem* auf die Zeit. Beginnen Sie immer mit dem Nebensatz.

1 Er kommt ins Büro. Er zieht seinen Mantel aus. (nachdem)

2 Er setzt sich an seinen Schreibtisch. Er holt sich eine Tasse Kaffee. (bevor)

3 Er gibt einen Text in den Computer ein. Er druckt ihn aus. (nachdem)

4 Er schickt das Fax an die Buchhaltung. Er sucht die Faxnummer der Abteilung heraus. (bevor)

5 Er sucht die Nummer im Verzeichnis. Das Telefon klingelt. (während)

6 Er telefoniert mit einem Kunden. Sein Kollege bringt das Antwortfax. (während)

7 Er liest die Antwort. Er telefoniert mit der Hausbank seiner Firma. (nachdem)

8 Die Bank erteilt die Auskunft. Sie kontrolliert den Anrufer. (bevor)

9 Der Anrufer nennt das Kodewort. Er bekommt die gewünschte Information. (nachdem)

10 Die Firma leitet rechtliche Schritte ein. Sie spricht mit ihrem Rechtsanwalt. (bevor)

Übung 5 Bilden Sie aus den kursiv gedruckten Satzteilen temporale Nebensätze mit *bevor, während* oder *nachdem*. Ersetzen Sie dabei jeweils das Nomen, das die Aktion bezeichnet, durch das passende Verb.

Vor der dritten Mahnung kontrolliert der Buchhalter die Zahlungseingänge.
→ *Bevor der Buchhalter zum dritten Mal mahnt,* kontrolliert er die Zahlungseingänge.

1 *Vor der dritten Mahnung* ruft die Assistentin den Kunden an.

2 *Während ihres Telefonats* kommt die aktuelle Post.

3 *Vor dem Weiterleiten der Mahnung an die Rechtsabteilung* informiert sie den Kunden.

4 *Nach dem Telefongespräch* druckt sie den Kontoauszug aus.

5 *Vor der Besprechung der wichtigsten Punkte mit dem Abteilungsleiter* muss sie das Marketing-Meeting organisieren.

6 *Nach der Organisation des Meetings* bestellt sie sofort die Flugtickets.

7 *Nach dem Ende der Konferenz* ruft sie Taxis für die Teilnehmer.

8 *Während der Arbeit* denkt sie oft an ihren Urlaub.

9 *Vor der Abreise* will sie noch die Korrespondenz erledigen.

Übung 6 Ergänzen Sie die Sätze. Beginnen Sie jeweils mit *bis*.

1 Glauben Sie, dass der Kunde noch anruft? – Es dauert sicher noch länger, ...

2 Trifft die Banküberweisung innerhalb von zwei Tagen ein? – Es kann länger dauern, ...

3 Bekommen wir neue Informationen von der Messe? – Wir warten, ...

4 Bleiben alle Teilnehmer bis zum Ende der Konferenz? – Nicht alle Teilnehmer bleiben, ...

5 Ist der Kopierer schon repariert? – Es wird noch etwas dauern, ...

Übung 7 Was passt zusammen?

1 überweisen	**a** gerichtliche Schritte
2 ankündigen	**b** die überfällige Rechnung
3 überprüfen	**c** zur Zahlung
4 begleichen	**d** den Zahlungseingang
5 auffordern	**e** den Betrag
6 bestätigen	**f** die Aufstellung

1	e

Bitte beachten Sie:

überweisen + Akk. + an + Akk.	*Wir haben den Betrag gestern an Sie überwiesen.*
begleichen + Akk.	*Bitte begleichen Sie die Rechnung.*

Brieftraining

Brief I

Sie sind: Polstermöbelfabrik Boneschi, Neapel, Italien
Sie schreiben an: Schlafzimmer Raimund, München, Deutschland
Sie wollen: die Münchner Firma an die Zahlung der Rechnung vom 26. 4. 19.. über die Lieferung von 10 Doppelbetten „Gigolo“ erinnern

Brief II

Sie sind: Schlafzimmer Raimund
Sie schreiben an: Polstermöbelfabrik Boneschi
Sie wollen: sich für die Zahlungsverzögerung entschuldigen

Brief III

Sie sind: Kunstschreinerei Nagel, Bozen, Italien
Sie schreiben an: Bestattungsunternehmen „Ruhe in Frieden“, Nürnberg, Deutschland
Sie wollen: zum dritten Mal die Zahlung von 140 Eichensärgen anmahnen

Wichtig

Wenn Sie einen Zahlungsverzug anmahnen:
- Tun Sie zunächst so, als hätte der Kunde die Bezahlung einfach vergessen oder übersehen (Zahlungserinnerung).
- Fordern Sie ihn – eventuell mit Mahngebühr – etwas bestimmter zur Zahlung auf (erste Mahnung).
- Setzen Sie ihm – eventuell mit Berechnung von Verzugszinsen – eine Frist (zweite Mahnung).
- Unterrichten Sie ihn über die fälligen rechtlichen Konsequenzen (dritte Mahnung).

Wenn Sie selber in Zahlungsverzug geraten sind:
- Melden Sie sich bei Ihrem Lieferanten schneller als er bei Ihnen, damit Sie gar nicht erst gemahnt werden müssen.
- Entschuldigen Sie sich und nennen Sie ganz offen die Gründe, warum Sie noch nicht gezahlt haben.
- Bitten Sie den Lieferanten eventuell um eine Verlängerung der Zahlungsfrist.
- Zeigen Sie Ihr Bemühen, dass Sie Ihren Zahlungsverpflichtungen so schnell wie möglich nachkommen wollen.

Hörtraining

Die Firma Sautner hat heute die dritte Mahnung von der Earthwind Recycling GmbH bekommen. Frau Sommer aus der Buchhaltung kontrolliert die angemahnte Rechnung und ruft dann bei Earthwind Recycling an.

Übung 8

Hören Sie das Gespräch und beantworten Sie die Fragen.

1 Wie hoch ist der Betrag, um den es geht?
2 Wie will Frau Sommer die Rechnung begleichen?
3 Warum will sie auf diese Weise bezahlen?
4 Wie lautet die Rechnungsnummer?
5 Warum ist die Rechnung bislang nicht bezahlt worden?
6 Warum ruft Frau Sommer von sich aus bei der Firma Earthwind an?

13

Zahlung mit Wechseln

Im heutigen Geschäftsverkehr kommt die Zahlung per *Wechsel* häufig vor. Es handelt sich dabei um eine bargeldlose Zahlungsform, mit der ein Gläubiger einen Schuldner auffordert, an einem festgesetzten Tag eine bestimmte Geldsumme an ihn selbst oder an einen Dritten zu zahlen.

Wenn Sie als Gläubiger ein Wechselformular ausfüllen, dann
- werden Sie zum Aussteller,
- wird der (genormte) Wechselvordruck zum gezogenen Wechsel.

Wenn Sie Schuldner sind, dann
- werden Sie durch Ihre Unterschrift zum Bezogenen,
- wird der Wechsel zum Akzept.

Fast alle Wechsel werden bei Fälligkeit durch ein Kreditinstitut eingelöst. Daher finden Sie auf den Wechselvordrucken unten einen Zahlstellenvermerk, in den das einlösende Kreditinstitut und der Zahlungsort eingetragen werden müssen. Nur mit diesen Einträgen können Sie als Gläubiger den Wechsel vor Fälligkeit an ein Kreditinstitut verkaufen und so schneller an Ihr Geld kommen; man nennt diesen Vorgang Diskontierung.

Angenommen, Sie legen rechtzeitig einen Wechsel vor, er wird aber nicht eingelöst. Dann erheben Sie Protest: Da es sich um eine amtliche, schriftliche Bestätigung handelt, müssen Sie damit einen Notar, Gerichts- oder Postbeamten beauftragen.

Angenommen, Sie sind der Bezogene (Wechselschuldner) und können aufgrund von Zahlungsschwierigkeiten Ihr Akzept nicht einlösen: Damit es gar nicht erst zum Protest kommt und somit Ihr guter Ruf als kreditwürdiger Geschäftspartner leidet, bitten Sie den Aussteller um Prolongation, also um Verlängerung der Laufzeit des Wechsels. In einem entsprechenden Schreiben an den Aussteller
- legen Sie dar, warum Sie momentan nicht zahlen können,
- weisen Sie auf künftige Geldeingänge hin und
- nennen Sie einen neuen Zahlungstermin.

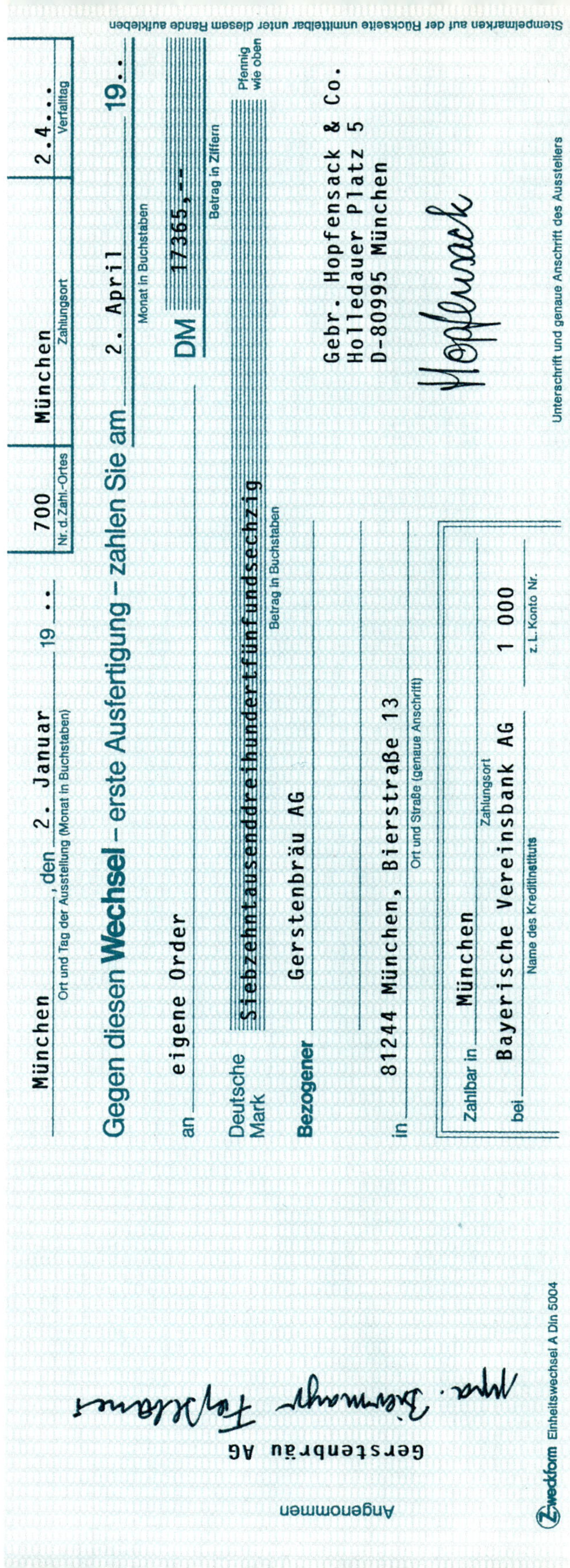
Angenommen
Gerstenbräu AG

München, den 2. Januar 19..
Ort und Tag der Ausstellung (Monat in Buchstaben)

700	München	2.4...
Nr. d. Zahl.-Ortes	Zahlungsort	Verfalltag

Gegen diesen **Wechsel** – erste Ausfertigung – zahlen Sie am 2. April 19..
Monat in Buchstaben

an eigene Order

DM 17365,--
Betrag in Ziffern

Deutsche Mark Siebzehntausenddreihundertfünfundsechzig
Betrag in Buchstaben
Pfennig wie oben

Bezogener Gerstenbräu AG

in 81244 München, Bierstraße 13
Ort und Straße (genaue Anschrift)

Zahlbar in München
Zahlungsort
bei Bayerische Vereinsbank AG
Name des Kreditinstituts
1 000
z. L. Konto Nr.

Gebr. Hopfensack & Co.
Holledauer Platz 5
D-80995 München

Hopfensack

Unterschrift und genaue Anschrift des Ausstellers

Stempelmarken auf der Rückseite unmittelbar unter diesem Rande aufkleben

Zweckform Einheitswechsel A Din 5004

BASSERMANN
EINRICHTUNGSHAUS

Einrichtungshaus Bassermann · Postfach 89 · 66779 Rehlingen

Uhrenhaus Finck
Postfach 200768

80005 München

1.9.19..

WECHSELZIEHUNG

Sehr geehrte Damen und Herren,

wie vereinbart habe ich für meine heutige Rechnung Nr. 2545/035 einen Wechsel über

DM 18769,–, fällig am 1.12.19..,

auf Sie gezogen. Bitte schicken Sie mir den akzeptierten Wechsel so bald wie möglich zurück.

Mit freundlichen Grüßen

Bassermann GmbH

Hans Meixner

Hans Meixner

Anlage: Wechsel

Gebr. Bassermann GmbH
Einrichtungshaus
Nordstraße 11, 66780 Rehlingen
Postfach 89, 66779 Rehlingen

Telefon (0 68 33) 25 60-0
Telefax (0 68 33) 25 60-38

Bankhaus Saar, Rehlingen
(BLZ 302 367 99) Konto 658 846 933
Amtsgericht Saarbrücken HRB 6891
Geschäftsführer: Rainer Penkert

Uhrenhaus Finck
Postfach 20 07 68 · 80005 München

Einrichtungshaus Bassermann
Herrn Meixner
Nordstr. 11

66780 Rehlingen

3.9.19..

Zahlung durch Akzept

Sehr geehrter Herr Meixner,

zur Begleichung Ihrer Rechnung Nr. 2545/035 vom 1.9.19..
sende ich Ihnen mein Akzept über

DM 18 769,-, fällig am 1.12.19.. in München.

Bitte schicken Sie mir eine Empfangsbestätigung und Gutschrift.

Mit freundlichen Grüßen

Uhrenhaus Finck

B. Finck

Bartholomäus Finck

Anlage: Akzept

Uhrenhaus Finck
Postfach 20 07 68 · 80005 München

Einrichtungshaus Bassermann
Herrn Meixner
Nordstr. 11

66780 Rehlingen

25.11.19..

Bitte um Verlängerung der Wechsellaufzeit

Sehr geehrter Herr Meixner,

leider kann ich den von mir akzeptierten Wechsel über

DM 18 769,-, fällig am 1.12.19..,

nicht einlösen, weil ich zwei Firmen, die vor Weihnachten
Großabnehmer für meine Uhren waren, wegen der schlechten Wirt-
schaftslage verloren habe. Dennoch rechne ich mit einem insge-
samt guten Weihnachtsgeschäft. Daher bitte ich Sie die Laufzeit
des Wechsels um zwei Monate zu verlängern. Den Verlängerungs-
wechsel mit meinem Akzept habe ich beigelegt.

Ich hoffe auf Ihr Verständnis für diese Verzögerung.

Mit freundlichen Grüßen

Uhrenhaus Finck

B. Finck

Bartholomäus Finck

Anlage: Verlängerungswechsel mit Akzept

Formulierungstraining

Übung 1 Setzen Sie die Satzteile richtig zusammen.

1 Für die Rechnung Nr. 96/ZX 4 habe ich

2 Der Wechsel ist fällig

3 Ich bitte Sie den akzeptierten Wechsel

4 Zum Ausgleich meiner Rechnung sende ich Ihnen

5 Bitte schicken Sie mir eine Gutschrift

6 Den von mir akzeptierten Wechsel

7 Durch den Konkurs eines wichtigen Geschäftspartners

8 Ich werde aber durch einen größeren Geschäftsabschluss

9 Ich bitte Sie deshalb

10 Alle dadurch entstehenden Kosten

11 Ich hoffe auf Ihr Verständnis

a mein Akzept zu.

b am 26. 3. 19. .

c für diese Verzögerung.

d einen Wechsel auf Sie gezogen.

e in Kürze wieder zahlungsfähig sein.

f sowie eine Empfangsbestätigung.

g werde ich selbstverständlich übernehmen.

h hatte ich größere Verluste.

i den Wechsel um zwei Monate zu verlängern.

j sofort an mich zurückzuschicken.

k kann ich leider nicht einlösen.

1										
d										

Übung 2 Setzen Sie die fehlenden Wörter ein.

Alexander Schulz

Nürnberg

15. August 19. .

eigene Order

15. Februar 19. .

Nürnberg

9875,45

Wiesentalstr. 96,
90419 Nürnberg

15. August 19. .

Nürnberg

760

Peter Brandt
Implerstr.16
81371 München

Neuntausendachthundert-
fünfundsiebzig

Deutsche Bank

760 005 8963

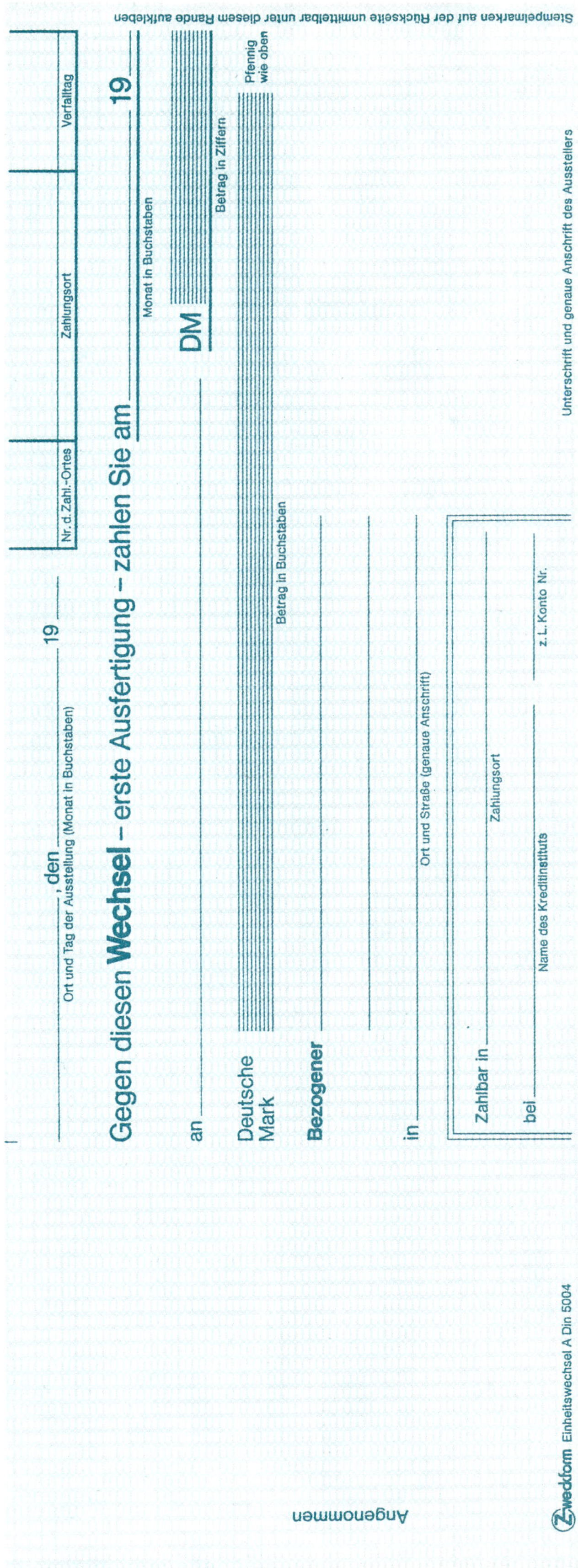

Grammatik

Komparativ – Superlativ

Uhr A: DM 195,–

Uhr A ist *teurer* als Uhr B.

Uhr B: DM 39,–

Uhr B ist *billiger* als Uhr A.

Uhr C: DM 795,–

Uhr C ist *am teuersten*.

		Komparativ	**Superlativ**	
Regelmäßige Formen	billig	billig**er**	am billig**sten**	
	weit	weit**er**	am weit**esten**	
Einsilbige Adjektive mit Vokal	alt	**ä**lter	am **ä**ltesten	a → ä
	groß	gr**ö**ßer	am gr**ö**ßten	o → ö
	kurz	k**ü**rzer	am k**ü**rzesten	u → ü
Adjektive auf *-el* oder *-er*	dunkel	dun**kl**er	am dunkelsten	
	teuer	teu**r**er	am teuersten	
Unregelmäßige Formen	gern	**lieber**	am **liebsten**	
	gut	**besser**	am **besten**	
	viel	**mehr**	am **meisten**	
	hoch	hö**h**er	am hö**ch**sten	
	nah	nä**h**er	am nä**ch**sten	

Übung 3 Setzen Sie das passende Adjektiv im Komparativ ein.

1 Der Ertrag ist zu niedrig, er müsste viel ____________ sein.
2 Der Auftrag kommt zu spät, er hätte ____________ kommen müssen.
3 Die allgemeine Wirtschaftslage ist sehr schlecht, sie muss unbedingt ____________ werden.
4 Die Zinsen sind zu hoch, sie müssen ____________ werden.
5 Die Firma liefert zu langsam, sie muss ____________ liefern.
6 Die Qualität der Produkte ist nicht sehr gut. Sie muss viel ____________ werden.
7 Die Produktionsanlagen sind veraltet, sie müssen ____________ werden.
8 Die Verpackung ist hässlich, sie muss ____________ werden.
9 Die Farben sind zu dunkel, sie sollten ____________ sein.
10 Die Firma hat viele Maßnahmen ergriffen, aber das reicht nicht. Sie muss noch ____________ unternehmen.

Übung 4 Ersetzen Sie den Ausdruck mit werden durch ein Verb, das die gleiche Bedeutung hat.

größer werden – vergrößern

schöner werden ____________________

besser werden ____________________

kürzer werden ____________________

moderner werden ____________________

Komparativ und Superlativ vor einem Nomen

	Komparativ	**Superlativ**
der billige Wagen	der billigere Wagen	der billigste Wagen
eine gute Lösung	eine bessere Lösung	die beste Lösung
hohe Kosten	höhere Kosten	die höchsten Kosten

Wenn das Adjektiv im Komparativ oder Superlativ vor einem Nomen steht, muss das Adjektiv nach der Adjektivdeklination (siehe Kapitel 2 und 3) dekliniert werden.

Übung 5 Ergänzen Sie das Adjektiv entweder im Komparativ (II) oder im Superlativ (III).

1 Die neue Mobilfunk-Firma hat ein ____________ Programm (gut, II) als früher.

2 Sie verfügt über die ____________ Produktionsanlagen (neu, III) und hat die ____________ Mitarbeiter (gut, III).

3 Deshalb kann sie zu ____________ Bedingungen (günstig, II) als die Konkurrenz liefern.

4 Sie betreibt eine ____________ Marketingstrategie (effektiv, II) als ihre Mitkonkurrenten, da sie ________________________ (kundenorientiert, II) argumentiert.

5 Dadurch hat sie einen ____________ Marktzugang (schnell, II) und kann die ____________ Produkte (viel, III) absetzen.

6 Sie hat auch den ________________________ Kundendienst (zuverlässig, III) und ____________ Preise (niedrig, II) als die Konkurrenz.

7 Die meisten Kunden haben heute ____________ Ansprüche (hoch, II) an die technische Beratung; sie muss ____________ (professionell, II) sein als früher.

Vergleiche

Wenn zwei Dinge gleich sind,

- benutzen Sie das Adjektiv und *so ... wie*:
  Unsere Firma arbeitet *so effektiv wie* die Konkurrenz.
  Die neue Produktionsanlage ist *so produktiv, wie* wir erwartet haben.

Wenn zwei Dinge unterschiedlich sind,

- benutzen Sie das Adjektiv im Komparativ und *als*:
  Wir arbeiten *effektiver als* die Konkurrenz.
  Die Firma hatte *höhere* Kosten, *als* sie ursprünglich kalkuliert hatte.
- benutzen Sie *anders* und *als*:
  Heute sind die Anforderungen an den Kundendienst *anders als* vor zehn Jahren.
  Die Kosten entwickelten sich *anders, als* es geplant war.
- benutzen Sie das Adjektiv und *nicht so ... wie*:
  Die Konkurrenz arbeitet *nicht so effektiv wie* wir.
  Der Service ist *nicht so gut, wie* man es erwarten könnte.

Wenn zwei Dinge sich proportional zueinander verhalten,

- benutzen Sie *je* + Komparativ ... *umso/desto* + Komparativ:
  Je besser das Marketing ist, *umso mehr* Produkte werden verkauft.
  Je schneller die Produktion ist, *desto größer* ist das Warenangebot.

Der Satz mit *je* steht immer an erster Stelle und ist ein Nebensatz; das Verb steht am Satzende.

Bitte achten Sie auf folgenden Unterschied:

In der Schweiz gibt es *andere* Wechselformulare als in Frankreich.
Hier vergleichen Sie die Wechselformulare der Schweiz mit den Wechselformularen in Frankreich.

In der Schweiz gibt es *unterschiedliche/verschiedene* Wechselformulare.
Hier vergleichen Sie die Wechselformulare in der Schweiz miteinander.

Übung 6 Bilden Sie Sätze im Präsens mit der Komparativform des Adjektivs.

1 die Produkte – sein – preisgünstig – im letzten Jahr
2 die Maschine – funktionieren – gut – das alte Modell
3 unsere Angebote – sein – attraktiv – die Angebote der Konkurrenz
4 er – arbeiten – jeden Tag – lang – sein Kollege
5 die Investitionen – sein – hoch – vor zwei Jahren

Übung 7 Verbinden Sie die Sätze mit *je … desto.*

Die Wirtschaftslage ist schlecht. Die Firmen machen nur geringe Umsätze.
→ Je schlechter die Wirtschaftslage ist, desto geringere Umsätze machen die Firmen.

1 Der Wechselkurs der Währungen ist stabil. Die Unternehmen können exakt kalkulieren.
2 Die Geschäftsbeziehung besteht lange. Das Vertrauensverhältnis zwischen den Geschäftspartnern ist ausgeprägt.
3 Die Firma informiert den Gläubiger früh über ihre Zahlungsschwierigkeiten. Sie bleibt kreditwürdig.
4 Die Mitarbeiter sind qualifiziert. Die internationale Wettbewerbsfähigkeit ist gut.
5 Die Vorteile des Produkts sind klar und deutlich dargestellt. Das Angebot wird für den Kunden attraktiv.
6 Die Kollegen sind motiviert. Sie machen ihre Arbeit gern.
7 Der Kundendienst arbeitet sorgfältig. Die Kunden sind zufrieden.
8 Sprechen Sie den Kunden persönlich und direkt an. Er wird positiv reagieren.
9 Hören Sie konzentriert und aufmerksam zu. Der Kunde wird ausführlich seine Wünsche formulieren.
10 Die Mitarbeiter sind flexibel. Die Probleme werden intelligent gelöst.

Bitte achten Sie auf folgende Unterschiede:

senken	*Die Firma senkt die Preise.*
sinken	*Die Preise sinken.*
steigern/erhöhen	*Die Zulieferer steigern/erhöhen die Kosten.*
steigen	*Die Kosten steigen.*

Brieftraining

Brief I	Sie sind:	Sägewerk Zauner, Zum Eisenhammer 10, 46049 Oberhausen
	Sie schreiben an:	Holzschuhfabrik Trampler, Giselherstr.13, 67069 Ludwigshafen
	Sie wollen:	der Ludwigshafener Firma einen Wechsel über DM 10 000,—, fällig am 1. 8. 19.., senden
Brief II	Sie sind:	Holzschuhfabrik Trampler
	Sie schreiben an:	Sägewerk Zauner
	Sie wollen:	den akzeptierten Wechsel zurückschicken
Brief III	Sie sind:	Holzschuhfabrik Trampler
	Sie schreiben an:	Sägewerk Zauner
	Sie wollen:	um Prolongation bitten – die Gründe hierfür und den neuen Fälligkeitstag bestimmen Sie selbst

Wichtig Wenn Sie als Gläubiger einen Wechsel ausstellen:

- Unterschreiben Sie erst nach Rücksendung des Wechsels.
- Achten Sie auf Vollständigkeit der Angaben im Zahlstellenvermerk, um den Wechsel vor Fälligkeit verkaufen zu können.
- Beachten Sie, dass der Wechsel am Fälligkeitstag oder an einem der beiden folgenden Werktage vorgelegt werden muss.
- Erheben Sie bei Nichteinlösung rechtzeitig Protest: spätestens am zweiten Werktag nach dem Fälligkeitsdatum.

Wenn Sie als Schuldner einen Wechsel mit Ihrem Akzept versehen:

- Bitten Sie den Aussteller um Gutschrift und Empfangsbestätigung.
- Sorgen Sie für pünktliche Einlösung.
- Bitten Sie bei eigener Zahlungsunfähigkeit so früh wie möglich um Prolongation.
- Geben Sie bei Prolongation dem Gläubiger eine Perspektive, wann er das Geld von Ihnen erwarten kann.

Hörtraining

Herr Haberling, der beim Textilmaschinenhersteller Bertele in Augsburg arbeitet, hat an das Modeunternehmen Alfani in Mailand zwei Textilmaschinen geliefert. Die Bezahlung erfolgte per Wechsel. Eines Tages kommt aus Mailand ein Anruf.

Übung 8 Hören Sie das Gespräch und kreuzen Sie an.

	richtig	falsch
1 Herr Ramazotti hat die Durchwahlnummer von Herrn Haberling.	☐	☐
2 Herr Haberling erinnert sich noch an Herrn Ramazotti.	☐	☐
3 Die Firma Bertele hat zwei Wechsel gezogen.	☐	☐
4 Beide Wechsel sind nicht gedeckt.	☐	☐
5 Herr Haberling ist über den Konkurs der Firma Berluccini informiert.	☐	☐
6 Beide Gesprächspartner einigen sich auf eine Verlängerung des zweiten Wechsels um drei Monate.	☐	☐

Übung 9 Hören Sie das Gespräch noch einmal und beantworten Sie die Fragen.

1 Wann ist der laufende Wechsel fällig?
2 Warum ist Herr Haberling bereit Herrn Ramazotti entgegenzukommen?
3 Was will Herr Ramazotti Herrn Haberling zuschicken?

14

Zahlungs-schwierigkeiten Versuch einer Einigung

Ist Ihre Firma schon einmal in *Zahlungsschwierigkeiten* gekommen, ohne dass es vorherzusehen war? Wenn so etwas einmal vorkommen sollte, dann
- informieren Sie den Gläubiger über Ihre Lage,
- legen Sie ihm die Gründe dar und
- schlagen Sie ihm eine für beide Seiten akzeptable Lösung vor.

Ein solcher außergerichtlicher Vergleichsvorschlag wird vom Gläubiger oft allein deswegen akzeptiert, weil er auf diese Weise größere Chancen sieht, sein Geld zu erhalten, als wenn der Kunde Konkurs anmelden muss.

Sie haben im Prinzip zwei Möglichkeiten die fristgerechte Bezahlung einer fälligen Rechnung zu modifizieren:
- Sie bitten um Stundung, also um die Erlaubnis, zu einem späteren Zeitpunkt zu zahlen.
- Sie schlagen Abschlagszahlungen vor, das heißt die Rückzahlung des Gesamtbetrags in Raten.

In beiden Fällen kann der Gläubiger seine Zustimmung allerdings von Zinszahlungen abhängig machen, die der Schuldner leisten muss.

donfiss A/S

Sven-Jenssen-Vej 7
DK-3090 Nortborg
Tlf. +45-74 45 30 60
Fax +45-74 45 30 66

Zahnradfabrik Stuttgart AG
Ernst-Reuter-Ring 20-25

D-70122 Stuttgart

14.11.19..

Bitte um Stundung

Sehr geehrte Damen und Herren,

am 31.11.19.. wird Ihre Rechnung Nr. 6732/9 vom 31.8.19.. über einen Betrag von DM 143 767,15 fällig.
Leider sind wir im Moment nicht in der Lage diese Summe zu begleichen, da einer unserer Hauptkunden, die ABX Pumper A/S, Konkurs angemeldet hat. Einige hohe Beträge stehen für uns noch aus.

Wir sind sicher, dass sich die Situation schon bald klären wird, und bitten Sie um einen Zahlungsaufschub von zwei Monaten.

Wir hoffen, dass Sie mit diesem Vorschlag einverstanden sind und uns in dieser schwierigen Lage entgegenkommen können.

Mit freundlichen Grüßen

Donfiss A/S

Sven Johansson

Sven Johansson

ZAHNRADFABRIK STUTTGART AG

TELEFAX

An / To: Donfiss A/S
Herrn Johansson
Sven-Jenssen-Vej 7
DK-3090 Nortborg

Fax-Nr.: 00 45 - 74 45 30 66

Seite(n) / Page(s) incl. Erstblatt / first page: 1

Ernst-Reuter-Ring 20–25
D-70122 Stuttgart
Tel. 00 49 (0) 183-0
Fax 00 49 (0) 184-1791
Telex 453 2754 Stuttg d

Datum / Date: 20.11.19..

Ihr Schreiben vom 14.11.19..

Sehr geehrter Herr Johansson,

Ihren Vorschlag vom 14.11.19.. nehmen wir an. Wir sind also mit einer Stundung unserer Rechnung um zwei Monate einverstanden, müssen Ihnen allerdings für diesen Zeitraum Zinsen in Höhe von 1,5% des Rechnungsbetrags berechnen.

Wir hoffen, dass wir Ihnen mit dieser Regelung helfen können. Bitte senden Sie uns per Fax Ihre Antwort.

Mit freundlichen Grüßen

Zahnradfabrik Stuttgart AG

Wolfgang Steinle

Wolfgang Steinle

Formulierungstraining

Übung 1 Suchen Sie die Sätze heraus, die eine ähnliche Bedeutung haben.

1	d

1 Ihre Rechnung in Höhe von DM … kann ich im Moment leider nicht begleichen.
2 Wir befinden uns momentan in einer schwierigen Lage.
3 Wir möchten Sie daher um einen Zahlungsaufschub bitten.
4 Vielleicht können wir uns auf Abschlagszahlungen einigen.
5 Wären Sie mit einer Anzahlung in Höhe von DM … einverstanden?
6 Ich versichere Ihnen, dass wir den Betrag bis zum 30.4.19.. bezahlen werden.
7 Mit Ihrem Einverständnis wäre uns sehr geholfen.

a Einen ersten Betrag über DM … könnten wir Ihnen schon jetzt überweisen.
b Für eine Stundung des Betrags wären wir Ihnen sehr dankbar.
c Wir hoffen, Sie können uns entgegenkommen.
d Unsere Firma ist vorübergehend zahlungsunfähig.
e Unsere Situation ist zur Zeit sehr ernst.
f Wir könnten Ihnen eine Zahlung in Raten anbieten.
g Wir garantieren Ihnen, dass wir die Rechnung zum neuen Termin begleichen werden.

Übung 2 Setzen Sie die fehlenden Wörter ein.

schlage … vor
akzeptieren
Abschlagszahlungen
gesamten
fällig
vernichtet
Anfangsbetrag
überweise
Unwetter
ersten Werktag
Vorschlag
in Höhe von
einverstanden

Sehr geehrter Herr Augustin,

am 15.10.19.. haben Sie mir eine Rechnung ______________ DM 98 768,– geschickt. Sie wird am 31.10.19.. ___________. Leider bin ich zum jetzigen Zeitpunkt nicht imstande den ___________ Betrag zu bezahlen. Der Grund ist, dass mir die ___________ der letzten Woche einen Großteil meiner Ernte ___________ haben. Ich ___________ Ihnen daher ______, dass ich Ihnen einen _______________ von DM 20 000,– ___________ und den Rest in monatlichen ___________ in Höhe von jeweils DM 5 000,– zahle, fällig zum ______________ jeden Monats.

Es wäre eine große Hilfe für mich, wenn Sie diesen ___________ ___________ würden. Bitte senden Sie mir eine Nachricht, ob Sie damit ___________ sind.

Mit freundlichen Grüßen

Übung 3 Rekonstruieren Sie den Brief.

Sehr geehrte Frau Klein,

es tut uns sehr leid, ● mit einer Stundung unserer Rechnung. ● Zum Glück ist der Schaden ja durch die Versicherung gedeckt, ● dass Ihr Kaufhaus abgebrannt ist. ● Bis zu diesem Zeitpunkt helfen wir Ihnen gerne ● Der neue Fälligkeitstag ist dann also ● Ich denke, dass eine Verschiebung ● der 15. 2. ● so dass Sie bald wieder zahlungsfähig sein werden. ● um drei Monate für beide Seiten akzeptabel ist.

Mit freundlichen Grüßen

Grammatik

Relativsätze I

Wir können *den Betrag, den wir Ihnen schuldig sind,* im Moment leider nicht aufbringen.

Der Relativsatz *den wir Ihnen schuldig sind* bezieht sich auf das Nomen *Betrag;* er erklärt das Nomen genauer. Der Relativsatz steht meistens direkt hinter dem Nomen, das er erklärt.

	maskulin	**neutral**	**feminin**	**Plural**
Nominativ	der	das	die	die
Akkusativ	den	das	die	die
Dativ	dem	dem	der	denen

Die Relativpronomen *der, das, die* werden wie der bestimmte Artikel dekliniert. Nur im Dativ Plural und im Genitiv (siehe Kapitel 15) gibt es eigene Formen.

Der Kunde bleibt Ihnen treu. Sie haben *dem Kunden* geholfen.
Der Kunde, dem Sie geholfen haben, bleibt Ihnen treu.

Das Relativpronomen richtet sich in Genus und Numerus nach dem Nomen, das erklärt wird (*der Kunde* = maskulin Singular). Der Kasus des Relativpronomens hängt vom Verb des Relativsatzes ab (*helfen* + Dativ).

Das Angebot gilt noch bis zum Ende des Monats. Sie interessieren sich *für das Angebot.*
Das Angebot, für das Sie sich interessieren, gilt noch bis zum Ende des Monats.

Wenn zum Relativpronomen eine Präposition gehört, dann steht diese Präposition vor dem Relativpronomen.

Übung 4 Ergänzen Sie die Relativpronomen.

1 Die Firma sucht einen Partner, _______ daran interessiert ist, den Vertrieb ihrer Waren im asiatischen Raum zu organisieren.
2 Wir wären Ihnen dankbar, wenn Sie uns eine Firma nennen könnten _______ sich für uns als Ansprechpartner eignet.
3 Es handelt sich hier um ein Unternehmen, _______ in der Lage ist, die Produkte auf dem ostasiatischen Markt einzuführen.
4 Im asiatischen Raum entsteht ein Markt, _______ hohe Zuwachsraten verzeichnet.
5 Die meisten Firmen, _______ wir unseren Katalog zuschicken, haben Bedarf an moderner Bürokommunikation.
6 Der Prospekt, _______ Sie gestern bei uns angefordert haben, enthält alle wichtigen Informationen über unsere Kommunikationssysteme.
7 Grundsätzlich sind schriftliche Angebote, _______ Sie einem Kunden machen, verbindlich.
8 Leider sind die Preislisten, _______ wir Ihnen letzten Monat zugeschickt haben, nicht mehr aktuell.
9 Auch in Zukunft werden sich die Firmen, _______ Sie ein Sonderangebot gemacht haben, an Sie wenden.
10 Der Kunde, _______ wir schnellstmögliche Lieferung versprochen haben, möchte wissen, wann die Ware ankommt.

Übung 5 Verbinden Sie die Sätze. Der zweite Satz ist immer der Relativsatz.

1 Den asiatischen Markt kennen wir seit langem sehr genau. Sie wollen sich über den Markt informieren.
2 Unsere Firma ist ein Großhandelsunternehmen. Das Unternehmen besteht schon seit 12 Jahren.
3 Oft werden die Aufträge nach politischen Kriterien vergeben. Um die Aufträge konkurrieren Weltfirmen.
4 Unser Beratungsingenieur könnte mit Ihnen einen Termin vereinbaren. Im September ist er in Taiwan.
5 Der Interessent ist Marktführer in Taiwan. Gestern haben wir dem Interessenten per Fax unsere Termine zugeschickt.
6 Soviel wir wissen, ist das Unternehmen kreditwürdig. Mit dem Unternehmen wollen Sie Geschäftsbeziehungen aufnehmen.
7 Wir verkaufen moderne Telefonanlagen. Die Anlagen genügen den höchsten Ansprüchen.
8 Unsere Schnurlostelefone machen den Kundendienst mobil. Ihr Service-Team ist mit den Telefonen jederzeit erreichbar.
9 Der Betrag ist in vier Wochen fällig. Leider können wir den Betrag nicht vollständig begleichen.
10 Aus der schwierigen Lage helfen uns die Zahlungen. Im nächsten Monat erwarten wir die Zahlungen.

Übung 6 Ergänzen Sie die Relativpronomen und die Präpositionen.

Zur Erinnerung:	
arbeiten an + Dat.	abschließen + Akk.
vertrauen + Dat.	sich verlängern um + Akk.
ein Angebot machen + Dat.	Interesse haben an + Dat.
Kredit geben + Dat.	sich entscheiden für + Akk.
sprechen mit + Dat.	sich spezialisieren auf + Akk.

1 Die Kommunikations-Arbeitsplätze, ______ ______ ihre Mitarbeiter in Zukunft arbeiten, sind mit modernen und effektiven Terminals ausgestattet.
2 Für unsere langjährigen Kunden, ______ wir vertrauen, sind das unsere Sonderkonditionen.
3 Sie sind der einzige Kunde, ______ wir dieses Angebot machen.
4 Die Firmen, ______ wir Kredit geben, sind alle sehr solide.
5 Der Mitarbeiter, ______ ______ Sie sprechen wollten, ist heute leider nicht da.
6 Bitte lesen Sie den Leasingvertrag, ______ Sie abschließen wollen, genau durch.
7 Der Zeitraum, ______ ______ sich der Wartungsvertrag automatisch verlängert, wird fixiert.
8 Wir können Ihnen die Produkte, ______ ______ Sie Interesse haben, leider nicht mehr zu den alten Konditionen anbieten.
9 Das Kommunikationssystem, ______ ______ wir uns entschieden haben, ist zwar teuer, aber modern.
10 Wir haben die Kommunikationssysteme, ______ ______ wir uns spezialisiert haben, mit der neuesten digitalen Infrastruktur ausgestattet.

Brieftraining

Brief I

Sie sind: ABX A/S, Alnabro 7, N-4308 Oslo
Sie schreiben an: Hess Tec KG, Taunusstr. 10–16, D-60329 Frankfurt
Sie wollen: eine Stundung Ihrer Rechnung erreichen – Grund: die Zahlungsunfähigkeit Ihrer russischen Geschäftspartner

Brief II

Sie sind: Hess Tec KG
Sie schreiben an: ABX A/S
Sie wollen: den Vergleich akzeptieren – die entsprechenden Daten und Bedingungen bestimmen Sie selbst

Wichtig Wenn Sie in unvorhergesehene Zahlungsschwierigkeiten geraten sind:

- Informieren Sie Ihren Lieferanten offen, aber ohne Übertreibung, über Ihre Lage.
- Bitten Sie ihn um eine Stundung oder um Abschlagszahlungen.
- Sichern Sie ihm zu, dann wirklich pünktlich zu zahlen.

Wenn Sie in der Rolle des Gläubigers sind:

- Setzen Sie Ihren Geschäftspartner nicht gleich unter Druck.
- Prüfen Sie aber nach, ob die angegebenen Gründe stimmen – und ob der Vergleich überhaupt einzuhalten ist.
- Sehen Sie auch den Vorteil: Ein Kunde, dem Sie geholfen haben, bleibt Ihnen treu.

Hörtraining

Der Traktorfabrikant Augustin hat einen Brief vom Landwirt Gustav Gans bekommen, in dem Herr Gans darum bittet die am 31. 10. fällige Rechnung zu stunden. Da ein Unwetter den Großteil seiner Ernte vernichtet hat, fehlen ihm momentan die Einnahmen, um die beiden bereits gelieferten Traktoren termingerecht bezahlen zu können. Herr Gans bittet darum in monatlichen Abschlagszahlungen zahlen zu können. Herr Augustin, der mit dem Vorschlag nicht ganz einverstanden ist, ruft Herrn Gans an.

Übung 7 Hören Sie das Gespräch und beantworten Sie die Fragen.

1 Wer meldet sich am Telefon?

2 Wo ist Herr Gans?

3 Was genau hat die Ernte ruiniert?

4 Was ist besonders geschädigt worden?

5 Um welchen Betrag geht es?

6 Welchen Zinssatz soll Herr Gans zahlen?

7 Wann soll Herr Gans den Restbetrag komplett zahlen?

8 Welches Problem kann nach Meinung von Herrn Gans auftreten?

9 Ist Herr Augustin mit dem mündlichen Einverständnis von Herrn Gans zufrieden?

15 Kreditauskunft

Wenn Sie mit einer Firma ein Geschäft planen, bei dem Ihr Unternehmen als Kreditgeber auftritt, sind Sie natürlich daran interessiert zu erfahren, ob Ihr Geschäftspartner kreditwürdig ist. Sie wollen deshalb eine *Kreditauskunft* über ihn. In Deutschland wird damit in der Regel eine Auskunftei beauftragt; manchmal wendet man sich aber auch an einen alten Geschäftspartner, der mit dem neuen Partner schon zusammengearbeitet hat. Oft nennt der potentielle Geschäftspartner aber auch von sich aus eine Bank, die bevollmächtigt ist Auskunft zu geben.

Ob und wie kreditwürdig eine Firma ist, hängt von vielen Faktoren ab. Wissenswert sind für Sie auf jeden Fall Informationen über
- Betriebsverhältnisse,
- Umsatz und
- Verschuldung.

Natürlich sind solche Auskünfte mit absoluter Diskretion zu behandeln. Deshalb sollten Sie, wenn Sie sich an einen Geschäftspartner wenden,
- auf dem Anschriftenfeld mit *Persönlich/Vertraulich* beginnen und
- den Adressaten vor der Firma nennen; so öffnet er persönlich den Brief.

Dieselbe Vertraulichkeit müssen Sie natürlich auch als Auskunftgeber wahren.

Je nachdem, wie die Auskunft über ihren Geschäftspartner ausfällt, werden Sie von ihm spezielle Sicherheiten fordern, wie zum Beispiel
- einen Wechsel,
- eine Bürgschaft (= ein Dritter garantiert die Zahlungsfähigkeit des Schuldners),
- eine Sicherheit (= ein bis zur Rückzahlung überlassenes Eigentum) in Form einer Immobilie oder eines anderen Wertgegenstands.

Oppenheim AG

Zementfabrik

Handschuhsheimer Landstraße 40
69121 Heidelberg

Postfach 530
69124 Heidelberg

Telefon 0 62 21/4 62 89
Telefax 0 62 21/18 20 23
Telex 139 615 Opp d

Oppenheim AG · Postfach 530 · 69124 Heidelberg

Persönlich/Vertraulich

Herrn
Michael Mächtersheimer
Multicar AG
Funkschneise 20

28309 Bremen

21.4.19..

Bitte um Auskunft über
Bauunternehmen Statik & Co, München

Sehr geehrter Herr Mächtersheimer,

die o.g. Baufirma möchte mit uns ins Geschäft kommen und Ware im Wert von ca. 1 Million DM bestellen. Da wir noch keine Erfahrungen mit diesem Unternehmen als Geschäftspartner gemacht haben und der Auftragswert relativ hoch ist, sind wir natürlich sehr an Informationen über die Geschäftspolitik und Kreditwürdigkeit dieser Firma interessiert.

Wir wären Ihnen sehr dankbar, wenn Sie uns diese Informationen geben könnten, und sichern Ihnen absolute Verschwiegenheit zu. Vielleicht können wir Ihnen bald auch einmal mit einer Auskunft weiterhelfen.

Wir danken Ihnen für Ihre Mühe.

Mit freundlichen Grüßen

ppa. Ferdinand Landers

Volksbank Kurpfalz, Heidelberg
(BLZ 672 902 00) Kto.-Nr. 40 029 027

UST(VAT)-Id-Nr. DE 250 003 539

Sitz der Aktiengesellschaft: Heidelberg
Amtsgericht Heidelberg HRB 854023

Vorsitzender des Aufsichtsrates:
Alexander von Vechmann
Vorstand: Ernst Reuter, Elmar Treptow

Multicar AG
Baumaschinen

Multicar AG · Postfach 6530 · 28307 Bremen

Persönlich/Vertraulich

Herrn
Ferdinand Landers
Oppenheim AG
Handschuhsheimer Landstr. 40

69121 Heidelberg

28.4.19..

Ihr Schreiben vom 21.4.19..

Sehr geehrter Herr Landers,

das von Ihnen genannte Unternehmen ist seit vielen Jahren ein guter Kunde von uns, der unsere Forderungen immer pünktlich beglichen hat und eine eher vorsichtige Geschäftspolitik betreibt. Nach meiner Einschätzung können Sie daher auch einen höheren Kredit einräumen.

Ich hoffe, ich konnte Ihnen mit dieser kurzen Information weiterhelfen.

Mit freundlichen Grüßen

Mächtersheimer

ppa. Michael Mächtersheimer

Funkschneise 20
28309 Bremen
Postfach 6530
28307 Bremen

Telefon (04 21) 74 38-0
Fax (04 21) 74 38-326
Telex 723 658 Multi d

Bremer Wirtschaftsbank
BLZ 900 530 12
Konto 297 767 8541
UST(VAT)-Id-Nr. DE 950 902 440

Vorsitzender des Aufsichtsrates:
Hermann Lüdenscheidt
Vorstand: Peter Appelt, Heinrich Berndt
Amtsgericht Bremen: HRB 7943

Formulierungstraining

Übung 1 Setzen Sie die Satzteile richtig zusammen.

1	c

1 Die o.g. Firma
2 Ihre Firma wurde von Herrn Prinz
3 Ich wäre Ihnen dankbar,
4 Kommt er seinen Zahlungsverpflichtungen
5 Wie schätzen Sie
6 Wie hat sich in der letzten Zeit
7 Wir sichern Ihnen zu,
8 Selbstverständlich behandeln wir
9 Es bietet sich in absehbarer Zeit vielleicht
10 Ich danke Ihnen und hoffe,

a pünktlich nach?
b die Gelegenheit zu einer Gegenleistung.
c möchte mit uns zum ersten Mal ein größeres Geschäft abschließen.
d Ihre Auskünfte mit absoluter Diskretion.
e der Umsatz entwickelt?
f als Referenz genannt.
g wenn Sie uns einige Auskünfte geben könnten.
h dass ich mich bald einmal revanchieren kann.
i dass wir Ihre Auskünfte streng vertraulich behandeln.
j die Liquidität des Unternehmens ein?

Übung 2 Setzen Sie die fehlenden Wörter ein.

behandeln
Auskunft
Zahlungsverpflichtungen
über
allerdings
vermute
zu
seit
nachgekommen
eingeschätzt
reibungslos
expandiert
vertraulich
Verzögerungen
Marktentwicklung

Sehr geehrte Frau Geiger,

die Firma, ______ die Sie ___________ wünschen, arbeitet mit uns _____ vielen Jahren zusammen. Früher hat die Zusammenarbeit ___________ funktioniert, in letzter Zeit ___________ ist sie Ihren ___________________ häufig nur mit _____________ _____________. Ich ___________, das Unternehmen hat die _____________ zu optimistisch ___________ und deshalb _____ stark ___________. Bitte ___________ Sie diese Auskunft __________.

Mit freundlichen Grüßen

Grammatik

Relativsätze II

Die Kundin ist nicht erreichbar. *Ihre Telefonnummer* (= die Telefonnummer der Kundin) hat sich geändert.
Die Kundin, deren Telefonnummer sich geändert hat, ist nicht erreichbar.

Das Relativpronomen *deren* ersetzt *der Kundin* (Genitivattribut) oder *ihre* (Possessivpronomen).

Nach dem Relativpronomen im Genitiv steht kein Artikel vor dem folgenden Nomen. Präpositionen bleiben vor dem Relativpronomen.

	maskulin	**neutral**	**feminin**	**Plural**
Genitiv	dessen	dessen	deren	deren

Übung 3 Verbinden Sie die Sätze. Der zweite Satz ist immer der Relativsatz.

1 Das Unternehmen ist mit seinen Produkten international präsent. Seine Kreditwürdigkeit wird geprüft.

2 Der Werbemanager hat eine neue Marketingstrategie entwickelt. Mit seinen Ideen rechnet die Firmenleitung.

3 Die jugendlichen Kunden werden ausführlich befragt. Die Firma will die Produkte an ihren Bedürfnissen orientieren.

4 Eine Marktstudie wird bei einem Marktforschungsinstitut in Auftrag gegeben. Der Name des Instituts soll nicht genannt werden.

5 Die Untersuchung wird in der Fachpresse veröffentlicht. Ihr Ergebnis ist für niemanden überraschend.

6 Die Geräte müssen leicht programmierbar sein. Am Design der Geräte wird noch gearbeitet.

7 Die Gebrauchsanleitung ist zu kompliziert geschrieben. Ihre Terminologie müsste für jeden verständlich sein.

8 Fachwortschatz sollte man nicht benutzen. Seine Bedeutung verstehen nur Spezialisten.

9 Die Produktionsphase der Funktelefone wird jetzt geplant. Die Leistung der Funktelefone muss überzeugend sein.

10 Das Logo der Firma ist international bekannt. Über die Werbekampagne der Firma wird in der Öffentlichkeit diskutiert.

Relativsätze mit *wo*

Das Gebäude, *in dem* sich unsere Filiale befindet, wird saniert.
Das Gebäude, *wo* sich unsere Filiale befindet, wird saniert.

Nach einer Ortsangabe kann *in* + Relativpronomen durch *wo* ersetzt werden.

In München, *wo* wir den höchsten Umsatz machen, haben wir 14 Filialen.

Nach Städte- oder Ländernamen gebraucht man immer *wo*.

Übung 4 Verbinden Sie die Sätze. Notieren Sie alle Möglichkeiten.

1 Dieses Schnellrestaurant ist besonders beliebt. Im Schnellrestaurant treffen sich vor allem junge Leute.

2 Die Standorte werden nach bestimmten Kriterien ausgewählt. Eine Filiale wird dort eröffnet.

3 Peking hat mehr als acht Millionen Einwohner. In Peking eröffnen wir demnächst eine Filiale.

4 Fast jede Stadt ist ein guter Standort. In der Stadt gibt es viele Jugendliche mit etwas Geld.

5 Das Restaurant hat eine kühle und moderne Atmosphäre. Die Jugend der Stadt trifft sich in dem Restaurant.

6 Manchmal liegen Pop- und Musikzeitschriften aus. Man kann in den Zeitungen und Zeitschriften lesen.

7 Auch die Jugend in Osteuropa isst jetzt Hamburger. In Osteuropa gibt es schon Filialen.

8 Die Währung ist stabil. Das Unternehmen transferiert seine Gewinne in die Währung.

Relativsätze mit *was* oder *wo-* + Präposition

Es ist unklar, *was* die Firma mit ihrer Aktion bezweckt.
Die Entwicklung ist stabil, *worüber* wir uns freuen.

Wenn sich der Relativsatz auf die ganze Aussage des Hauptsatzes bezieht, heißt das Relativpronomen entweder *was* oder *wo-* + Präposition.

Übung 5 Ergänzen Sie *woran, was, worauf, wovon, wofür* oder *womit*.

1 Es stehen noch zwei Rechnungen zur Bezahlung aus, ________ wir Sie hiermit aufmerksam machen wollen.

2 Sie wollen die Rechnung erst in zwei Monaten bezahlen, ________ wir nicht ganz einverstanden sind.

3 Definieren Sie bitte genau, ________ die Kreditwürdigkeit der Firma abhängt.

4 Erklären Sie genau, ________ Sie wissen wollen.

5 Sagen Sie uns bitte, ________ Sie interessiert sind.

6 Sie haben uns mit dieser Information sehr geholfen, ________ wir Ihnen dankbar sind.

Brieftraining

Brief I

Sie sind:	Jean Leclerc S.A.R.L., Zone Industrielle, 43, rue d'Orves, F-63690 Vichy
Sie schreiben an:	Ihre deutsche Bankverbindung, das Bankhaus Röder, Fabriciusstr. 11, D-40225 Düsseldorf
Sie wollen:	sich nach der Geschäftspolitik und den Vermögensverhältnissen eines potentiellen deutschen Geschäftspartners erkundigen

Brief II

Sie sind:	Bankhaus Röder
Sie schreiben an:	Jean Leclerc S.A.R.L.
Sie wollen:	die gewünschte Auskunft geben

Wichtig

Wenn Sie eine Auskunft benötigen:
- Legen Sie dar, warum Sie eine Auskunft benötigen.
- Teilen Sie knapp und präzise mit, was Sie wissen wollen.
- Versprechen Sie absolute Verschwiegenheit.
- Stellen Sie eine eventuelle Gegenleistung in Aussicht.

Wenn Sie selber um Information gebeten werden:
- Beziehen Sie sich ausdrücklich auf die Anfrage.
- Nennen Sie die Gründe, wenn Sie keine Auskunft geben wollen oder können.
- Bitten Sie um absolute Diskretion.

Hörtraining

Sven Bogner, Inhaber mehrerer Lokale in Berlin, möchte zusammen mit einem anderen Gastronom ein Lokal eröffnen. Bei der Inhaberin eines Geschäfts für Gastronomiebedarf, Claudia Kaltofen, möchte er zuvor noch eine Auskunft einholen.

Übung 6 Hören Sie das Gespräch mehrmals und beantworten Sie die Fragen.

1 In welcher Stadt plant Herr Bogner ein neues Lokal?
2 Warum will er es nicht alleine eröffnen?
3 Warum möchte Herr Bogner gerade Herrn Groß als Partner?
4 Was rät Frau Kaltofen Herrn Bogner zunächst?
5 Worüber kann und will sie nicht sprechen?
6 Was erfährt Herr Bogner von Frau Kaltofen über Peter Groß?
7 Was erwartet Frau Kaltofen von Herrn Bogner?
8 Woran merkt man, dass sich beide schon lange kennen?

Hörtexte

Kapitel 1

◀ Deutsch-Italienische Handelskammer, Assmann, guten Tag.
▶ Guten Tag. Firma Bertele in Augsburg, mein Name ist Hafner. Ich rufe Sie an, weil ... wir sind an Adressen von Textilfabrikanten in Italien interessiert. Bin ich da bei Ihnen richtig?
◀ Ja, die Adressen habe ich hier.
▶ Ah ja.
◀ Worum geht es denn genau?
▶ Ja, also, wir stellen Textilmaschinen für den europäischen Markt her – und jetzt möchten wir gern auch mit Firmen in Italien Kontakt aufnehmen. Am liebsten wäre uns die Gegend um Mailand. Dort gibt es ja ziemlich viele Modefirmen ...
◀ Da haben Sie Recht. Nun, ich sehe hier verschiedene Möglichkeiten. Sie können beispielsweise direkt mit den Firmen Kontakt aufnehmen. Das ist die eine Möglichkeit. Die andere ist, dass Sie über einen Repräsentanten gehen, also über eine Vertretung direkt vor Ort in Italien, und so den Kontakt zu den Firmen herstellen.
▶ Hm ... was ist denn besser, Ihrer Meinung nach?
◀ Tja, also das kommt ganz darauf an, was Sie wollen. Wenn Sie nur die großen Firmen interessieren, dann kann ich Ihnen die Adressen geben – und Sie setzen sich dann selbst mit denen in Verbindung. Bei mittleren oder kleinen Unternehmen gehen Sie besser über eine Vertretung. Die sind vor Ort, die kennen sich aus, und die haben auch die richtigen Kontakte.
▶ Aha. Hätten Sie denn auch eine Liste mit Namen und Adressen ... äh ... von den Vertretungen?
◀ Ja, da haben wir eine hier.
▶ Das ist gut. Wir sind nämlich in erster Linie an mittelständischen Firmen interessiert. Könnten Sie mir die Liste vielleicht zuschicken?
◀ Natürlich. Gern. Geben Sie mir bitte noch Namen und Adresse?
▶ Also, das ist Bertele GmbH ...
◀ Ber ... te ... le – mit e wie Emil?
▶ Ja, dreimal e ... Postfach 34 90 ... 86 1 7 9 Augsburg.
◀ Äh, Moment ... 86 1 7 9 Augsburg ... okay, das hab ich.
▶ Ach ja, und schicken Sie bitte die Liste zu meinen Händen. Mein Name ich Hafner, Walter Hafner.
◀ Hafner ... Gut, Herr Hafner, ich schick die Liste heute noch an Sie ab.
▶ Das ist sehr nett. Dann danke ich Ihnen für die Auskunft und schon vorab für die Liste ...
◀ Gern geschehen. Und viel Erfolg!
▶ Danke. Auf Wiederhören.
◀ Wiederhören.

Kapitel 2

◀ Müssig & Co, Franke.
▶ Guten Tag, mein Name ist Bovary, vom Weinhaus Dubœuf in Beaune, in Frankreich.
◀ Guten Tag.
▶ Wir interessieren uns für den Korkenzieher, den Sie herstellen.
◀ Welchen meinen Sie, bitte? Wir haben da ganz verschiedene Modelle im Angebot.
▶ Ja, also ... es geht um das Modell ... es war in einer Anzeige in „Gourmet", der Zeitschrift, im letzten Monat ... mit einem Foto ... und hier steht nur: Korkenzieher aus Edelstahl für den echten Weinkenner.
◀ Ja, genau. Das ist unser Spitzenmodell, mit einer sehr schönen Form, etwas rund oben.
▶ Ja, das ist er. Den meine ich. ... Also, wir stellen Wein her ... und wir möchten diesen Korkenzieher unseren Kunden schenken. Es soll ein schönes Geschenk sein und auch von sehr guter Qualität.
◀ Da ist dieses Modell genau das Richtige für Sie. Edelstahl, sehr gute Verarbeitung ... und die Spirale

ist elastisch, damit kann man auch einen alten Korken ohne Problem herausziehen.

▶ Mhm.

◀ Gerade eine gute Flasche will man ja ganz vorsichtig öffnen, ohne dass Korkreste bleiben.

▶ Ja, das ist immer ärgerlich …

◀ Durch die runde Form liegt er gut in der Hand, da kann überhaupt nichts passieren … eigentlich ist es ein Produkt für Profis. Wir beliefern viele exklusive Restaurants damit.

▶ Sehr schön. Das klingt interessant. Und äh … was ist der Preis … was kostet der Korkenzieher? Wir würden mehrere nehmen, wenn wir ihn kaufen.

◀ Das hängt ganz von der Stückzahl ab. Der Einzelpreis liegt bei 28 Mark plus Mehrwertsteuer. Wie viele brauchen Sie denn ungefähr?

▶ So zwischen 200 und 300.

◀ Ja, da haben wir ein spezielles Großkundenangebot. Also … bei 200 Stück ist der Preis 21 Mark … und bei 300 16 Mark, jeweils plus Mehrwertsteuer natürlich.

▶ … 21 … und 16 … Können Sie mir das schriftlich bestätigen, bitte?

◀ Ja, kein Problem. Am besten schicke ich Ihnen unseren Katalog für Großkunden. Da steht alles drin. Preise, auch der Rabatt je nach Stückzahl und die Lieferbedingungen.

▶ Ja danke. … Es ist allerdings sehr wichtig, äh, sehr eilig. Wir brauchen das Angebot noch diese Woche …

◀ Kein Problem. Ich kann Ihnen die Unterlagen heute noch zuschicken. Und wenn es eilig ist, dann am besten per Express.

▶ Danke, das ist sehr nett.

◀ Sagen Sie mir noch bitte Namen und Adresse?

▶ Ja … also das ist Georges Dubœuf S. A., 12 rue de ville in …

◀ Äh, tut mir leid, würden Sie das bitte buchstabieren?

▶ Ja, natürlich, Entschuldigung. Also, das ist Georges … Gustav … Emil … Otto … Richard … Gustav … Emil … Samuel.

◀ Ja …

▶ Dann, zweites Wort Dubœuf … Dora … Ulrich … Berta … Otto … Emil … Ulrich … Friedrich, danach großes S Punkt, großes A Punkt, also Samuel Punkt … Anton Punkt …

◀ Okay …

▶ Die Straße ist 12 Komma … rue de ville, also Richard … Ulrich … Emil …, zweites Wort Dora … Emil …, und dann Viktor … Ida … Ludwig … Ludwig … Emil …

◀ … Ludwig … Emil … ja?

▶ In 21 … 200 … Beaune … Berta … Emil … Anton … Ulrich … Nordpol … Emil … … in Frankreich.

◀ Frankreich … Gut, jetzt hab ich alles. Ich schick Ihnen die Unterlagen gleich heute noch zu. Und wenn Sie dann noch Fragen haben, rufen Sie mich bitte an.

▶ Vielen Dank, das ist wirklich sehr nett. Auf Wiederhören.

◀ Danke für Ihren Anruf. Wiederhören.

Kapitel 3

◀ Thompson Motorkomponenten, Cornelius, guten Tag.

▶ Guten Tag, mein Name ist Rowe, Lester AG in Rorbas. Ich hätte gern Herrn Rörlich gesprochen.

◀ Tut mir leid, Herr Rörlich ist gerade in einer Besprechung. Kann ich Ihnen vielleicht weiterhelfen?

▶ Ja also, es geht um ein Angebot von Ihnen, und zwar über Kolben und Leichtmetallzylinder, vom 17. April. Hier steht: Die Lieferzeit beträgt vier Wochen. Wenn ich jetzt die Teile telefonisch bestelle, könnten Sie dann eventuell schon in zwei Wochen liefern? Es ist nämlich ziemlich eilig …

◀ Tja, das kann ich Ihnen nicht sagen. Das hängt vor allem davon ab, wie viel wir noch auf Lager haben. Und die Lagerlisten sind bei Herrn Rörlich. Der kümmert sich auch um die Auslieferung und die Transportrouten.

▶ Hm …

◀ Ich weiß leider überhaupt nicht, wie lange die Besprechung von Herrn Rörlich noch dauern wird … Kann er Sie vielleicht zurückrufen?

▶ Ja, das wäre sehr nett. Es ist aber wirklich dringend. Ich bin heute auf jeden Fall bis 18 Uhr erreichbar. Glauben Sie, dass er mich bis dahin anrufen kann?

◀ Ja, ich denke schon. Ich schreibe gleich eine Notiz, dass er Sie bis 18 Uhr zurückrufen soll und bringe sie ihm in den Konferenzraum. Dann weiß er Bescheid. Wie war bitte nochmal Ihr Name?

▶ Rowe … von der Lester AG.

◀ … Lester AG. Und unter welcher Nummer sind Sie erreichbar?

▶ Also, da ist zuerst die Vorwahl für die Schweiz … das müsste von Deutschland aus die 0041 sein … dann 116805 … 34. 34 ist meine Durchwahl.

◀ 0041/116805/34.

▶ Genau.

◀ Gut, Herr Rowe, ich werde mich darum kümmern. Ich gebe die Notiz gleich an Herrn Rörlich weiter. Er ruft Sie dann so bald wie möglich zurück, vor 18 Uhr, das habe ich dick unterstrichen.

▶ Vielen Dank, das ist sehr nett. Auf Wiederhören.

◀ Wiederhören.

Kapitel 4

◀ Laborgerätebörse, Brummer.
▶ Guten Tag, Frau Brummer. Hier ist Stahl.
◀ Ach, guten Tag, Herr Stahl. Wie geht es Ihnen?
▶ Naja, es geht so. Zur Zeit haben wir dermaßen viel zu tun. Quartalsende und so weiter … Sie wissen ja, da geht's bei uns immer rund.
◀ Tja, bei uns sieht es ganz ähnlich aus. Allerdings lass ich mich davon jetzt nicht mehr verrückt machen. Ab übermorgen hab ich zwei Wochen Urlaub.
▶ Urlaub! Haben Sie's gut! Das könnte ich jetzt auch gut gebrauchen. Fahren Sie denn weg?
◀ Ja, schon, nach Spanien.
▶ Toll!
◀ Genauer, nach Sevilla, mit dem Flugzeug. Da wollte ich schon lange mal hin. Und jetzt ist die Zeit günstig. Die Hauptsaison ist ja vorbei, also gibt es dort nicht mehr so viele Touristen.
▶ Hoffentlich spielt das Wetter mit.
◀ Ach, ich denke schon. Zur Zeit soll es dort noch angenehm warm sein, so um die 25 Grad, habe ich heute in der Zeitung gelesen.
▶ Hm, da kann man ja richtig neidisch werden … gerade jetzt, wo es bei uns so nasskalt und scheußlich ist.
◀ Ja, genau deshalb freue ich mich ja so auf die Sonne da unten.
▶ Tja, also, weshalb ich Sie eigentlich anrufe … wir haben hier vorgestern Ihr Schreiben bekommen … diesen Werbebrief … mit dem Sonderkatalog für Herbst …
◀ Ja?
▶ Jetzt stehen aber keine Preise dabei …
◀ Die Preisliste müsste eigentlich drin sein …
▶ Nein, also ich habe keine gefunden.
◀ Das tut mir leid. Vielleicht ist da was beim Versand schief gelaufen. Aber ich habe hier auch einen ganzen Stapel. Ich schick Ihnen gleich die Liste zu.
▶ Ja, danke, das wäre nett. Dann haben wir nämlich alles komplett. Sehr wahrscheinlich werden wir das eine oder andere wieder bei Ihnen bestellen.
◀ Das freut mich. Ich denke, Sie haben die Liste spätestens übermorgen. Ich bin dann zwar schon fast in Spanien, aber wenn Sie noch dringend etwas brauchen, dann sprechen Sie einfach mit meiner Kollegin, Frau Kröger. Das ist meine Vertretung in den nächsten zwei Wochen. Sie weiß über alles Bescheid.
▶ Frau Kröger, okay. … Tja, dann vielen Dank … und einen schönen Urlaub!
◀ Danke.
▶ Tschüs, Frau Brummer.
◀ Tschüs.

Kapitel 5

◀ Andergast.
▶ Einen schönen guten Morgen, Herr Andergast. Mein Name ist Lochner, Marketingabteilung von Speckner Fleischwaren in Schweinfurt. Man hat mich mit Ihnen verbunden, weil … also man hat mir gesagt, dass Sie für den Speiseplan in Ihrem Haus zuständig sind.
◀ Ja …
▶ Hätten Sie vielleicht gerade zwei Minuten Zeit?
◀ Ja, also … worum geht es denn?
▶ Vielleicht erinnern Sie sich. Wir sind einer der führenden Hersteller von Fleischkonserven. Unsere Sonderaktion bietet Großkunden wie Ihnen zur Zeit besonders günstige Einkaufsbedingungen. Dabei können Sie eine Menge sparen. Allerdings müssen Sie sich schnell entscheiden. Die Aktion läuft nämlich schon in wenigen Wochen aus.
◀ Tja, ich …
▶ Ich hatte Ihnen ja vor etwa einem Monat unsere Liste mit den Aktionspreisen zugeschickt. Sie erinnern sich bestimmt, darauf sind alle Produkte, die speziell auch bei Senioren beliebt sind.
◀ Ja, wissen Sie …
▶ Wir haben eine ganze Menge Kunden bei den Seniorenheimen. Ältere Menschen mögen ja vor allem fettarme und leichte Kost. Darauf haben wir bei unserer Aktion besonderen Wert gelegt.
◀ Ja, also die Liste habe ich mir schon angesehen …
▶ Sehr schön.
◀ … und die Preise sind auch recht günstig … aber die Sache ist die: Unsere Heimbewohner essen ziemlich wenig Fleisch, immer weniger eigentlich in den letzten Monaten. Vielleicht liegt es an den Fleischskandalen. Das lesen sie ja jeden Tag in der Zeitung.
▶ Ja, selbstverständlich, daran haben wir auch schon gedacht. Die Leute werden eben immer gesundheitsbewusster. Exzellente Qualität ist ganz wichtig. Das können wir Ihnen natürlich garantieren. Vor allem unser Truthahnfleisch kommt bei älteren Herrschaften sehr gut an. Fettarm, leicht verdaulich, magenfreundlich. Am besten schicke ich Ihnen mal eine Gratisprobe davon zu. Dann können sich Ihre Heimbewohner persönlich von unserer Spitzenqualität überzeugen. Wie viele Bewohner sind es denn?
◀ 70.
▶ Gut, dann lasse ich Ihnen 100 Dosen gratis und unverbindlich zuschicken. Bis in drei Tagen haben Sie die Ware. Ich melde mich nächste Woche wieder bei Ihnen. Ist das okay?
◀ Naja, wenn Sie meinen …
▶ Fein, Herr Andergast, dann vielen Dank erstmal und bis nächste Woche. Auf Wiederhören.
◀ Wiederhören.

Kapitel 6

● Asia-Sport, Frische, guten Tag.
▶ Guten Tag. Hier ist Panadero. Ich rufe aus Sevilla an. Würden Sie mich bitte mit Herrn Möllemann verbinden?
● Entschuldigung, ich kann Sie nur schlecht verstehen. Wen möchten Sie sprechen?
▶ Herrn Möllemann bitte, von der Bestellannahme.
● Ah, Herrn Möllemann. Und wie war nochmal Ihr Name?
▶ Panadero, von Aventura Sportartikel in Sevilla.
● Einen Moment bitte, ich verbinde.

...

Hören Sie bitte, Herr Möllemann spricht gerade. Möchten Sie kurz warten oder soll Sie Herr Möllemann zurück... ah, jetzt ist die Leitung frei. Ich verbinde gleich nochmal.
▶ Vielen Dank.

...

◀ Möllemann.
▶ Guten Tag, Herr Möllemann. Hier ist Panadero.
◀ Guten Tag, Frau Panadero.
▶ Ich habe Ihnen vorhin ein Fax geschickt, wegen der Bälle und Handschuhe.
◀ Genau. Ich habe das Fax hier ... Handbälle, Basketbälle und Fitness-Handschuhe.
▶ Ja. Da ist mir leider ein kleiner Fehler passiert, und zwar bei den Handschuhen. Ich habe nämlich die falsche Bestellnummer angegeben. Auf dem Fax steht die Nummer 10 76. Das sind die Handschuhe in Schwarz-Weiß-Grau. Wir möchten sie in Schwarz-Pink-Violett, und das ist die Nummer 10 77. Ist es vielleicht möglich die Nummer noch zu ändern?
◀ Da haben Sie aber Glück, ich wollte Ihre Bestellung gerade bearbeiten. Also ... 10 76 ... richtig, das sind die Handschuhe in Schwarz-Weiß-Grau ...
▶ Ich würde gerne dieselbe Menge in Schwarz-Pink-Violett bestellen, Nummer 10 77.
◀ Ja ja, ich habe Sie schon verstanden. Ich sehe gerade im Computer nach ... 10 77 ... na los ... mein Gott, das Programm ist dermaßen langsam ... so, also hier ist es ... Fitness-Handschuhe, Bestellnummer 10 77 ... ja, das geht. Wir haben noch 160 Paar auf Lager. Und welche Menge wollen Sie?
▶ 150 Paar.
◀ Na schön, ich korrigiere das gleich im Computer. ... Gut, dass Sie gleich angerufen haben, sonst wäre das mit der Änderung nicht so einfach gewesen.
▶ Das ist sehr nett, dass Sie sich gleich darum gekümmert haben.
◀ Ja ja, schon gut. Also dann ...
▶ Vielen Dank, Herr Möllemann, und auf Wiederhören.
◀ Wiederhören.

Kapitel 7

◀ Atlant Baumaschinen-Vermietung, Emmerich.
▶ Guten Tag, Frau Emmerich, Dross hier.
◀ Ah, Frau Dross, guten Morgen. Wie geht's?
▶ Naja, nicht besonders. Hier ist zur Zeit der Teufel los. Die Reider-Pleite wirbelt uns ganz schön durcheinander.
◀ Ja, ich hab's heute Morgen in der Zeitung gelesen. Das ist schon ein Skandal, was da passiert ist.
▶ Tja, und das Schlimme ist, dass es nicht nur den Reider trifft. Auch viele andere in der Branche kommen dadurch in Schwierigkeiten.
◀ Hm, der Reider ist ja auch eine Riesenfirma. Also ich kann nicht verstehen, dass die Banken nicht besser kontrollieren. Bei den Schulden, die sich da im Laufe der Jahre angesammelt haben. Die hätten doch was merken müssen.
▶ Ganz genau, sowas geht ja nicht von heute auf morgen. Für uns wird es jedenfalls nichts mehr mit dem Bürohaus-Projekt in Dresden. Das ist auch der Grund, weshalb ich Sie anrufe. Wir hatten doch für Dresden drei Bagger bei Ihnen angemietet.
◀ Ja genau, ich erinnere mich.
▶ Tja, und nun brauchen wir die nicht mehr. Ist es denn möglich, dass wir die Bestellung stornieren? Wir sind natürlich ziemlich spät dran, ich weiß.
◀ Augenblick bitte, ich seh gleich mal in die Auftragsliste ... hier ... genau. Also Sie hätten die Bagger ab der nächsten Woche gebraucht, und zwar für insgesamt 14 Tage.
▶ Ja. Wie gesagt, unsere Absage ist eigentlich zu spät. Aber wir haben erst heute Morgen davon erfahren. Und wir arbeiten ja sehr häufig mit Ihnen zusammen. In den anderen Fällen hat ja immer alles prima geklappt.
◀ Ich versteh schon, bloß kann ich das nicht entscheiden. Das muss ich meinem Chef vorlegen.
▶ Ja, das ist klar. Aber wenn Sie ihm die Sache erklären könnten, da wäre uns schon viel geholfen. Und wir arbeiten auch in Zukunft noch oft mit Ihnen zusammen. Das ist sicher.
◀ Gut, Frau Dross, ich werde mich auf jeden Fall darum kümmern. Ich spreche gleich heute mit ihm und gebe Ihnen dann Bescheid, ja?
▶ Ach, das ist sehr nett von Ihnen, vielen Dank!
◀ Gern geschehen. Also, ich melde mich dann wieder bei Ihnen, sobald ich etwas weiß. Bis dahin tschüs, und nicht zu nervös werden!
▶ Ja, tschüs, Frau Emmerich. Und nochmal vielen Dank!

Kapitel 8

◀ Ohlmüller KG, Peters.
▶ Guten Tag. Hier ist Jennifer Drew, von Luton Bus Ltd. in England.
◀ Hallo, Mrs. Drew. Wie geht's Ihnen?
▶ Danke, gut ... das heißt, eigentlich nicht so gut, nachdem ich habe Ihre Rechnung bekommen.
◀ Sie meinen die Rechnung für die Busse von letzter Woche?
▶ Genau.
◀ Die Kopie habe ich hier liegen. Was stimmt denn nicht?
▶ Nun, es handelt sich von dem Kaufpreis. Wir hatten gesagt, für die zehn Busse 950 000 Mark.
◀ Ganz richtig, 950 000 Mark. So steht's auch hier auf der Rechnung.
▶ Ja, aber es war abgemacht: 950 000 inklusive Klimaanlage. So steht es im Vertrag. Sie haben aber die Klimaanlagen extra berechnet.
◀ Einen Augenblick bitte ... Kaufvertrag ... hier. Tatsächlich, Sie haben völlig recht, hier steht es ja. 10 Busse jeweils inklusive Klimaanlage für 950 000. Also das tut mir wirklich sehr leid. Das ist ganz klar unser Fehler. Ich kann mir überhaupt nicht erklären, wie das passieren konnte.
▶ Nun, das ist nicht so schlimm. Wir haben die Rechnung ja noch nicht bezahlt.
◀ Es ist mir wirklich peinlich. Sie bekommen die Busse natürlich mit Klimaanlage und ohne Aufpreis. Ich schicke Ihnen sofort eine neue Rechnung zu. Diesmal ist es aber die Richtige.
▶ Okay. Es gibt aber noch ein zweites Problem, nämlich den Liefertermin. Auf der Rechnung steht: Lieferung im Oktober, nicht September, wie im Vertrag.
◀ Ja, richtig. Deswegen wollte ich Sie noch anrufen, aber ich bin gerade erst aus dem Urlaub zurückgekommen. Vielleicht haben Sie davon gehört, bei uns gab es einen längeren Streik in der Metallindustrie. Da ist die Produktion ziemlich in Rückstand geraten.
▶ Sie können also nicht im September liefern?
◀ So wie es zur Zeit aussieht wohl nicht. Ich sehe gerade: Im Vertrag steht zwar September als Termin, aber ausdrücklich mit dem Zusatz „voraussichtlich".
▶ Also wird es Oktober.
◀ Ja, sehr wahrscheinlich.
▶ Den Oktober können Sie aber garantieren. Wir kommen sonst in großen Schwierigkeiten ...
◀ Ja, das kann ich Ihnen fest zusagen. Es wird zwar sehr knapp für uns, aber wir schaffen das schon. Ich werde mich persönlich darum kümmern.
▶ Gut, vielen Dank.
◀ Ich danke Ihnen für den Anruf. Und ich hoffe, Sie entschuldigen die Panne mit der Rechnung.
▶ Ja, das ist kein Problem.
◀ Wiederhören, Mrs. Drew.
▶ Auf Wiederhören.

Kapitel 9

● Asia-Sport, Frische, guten Tag.
▶ Guten Tag. Hier ist Panadero. Würden Sie mich bitte mit der Buchhaltung verbinden?
● Einen Augenblick, bitte.

...

◀ Heller.
▶ Guten Tag. Hier ist Panadero, von Aventura Sportartikel in Sevilla. Ich rufe Sie an wegen Ihrer Rechnung. Irgendwas stimmt damit nicht.
◀ Ich seh gleich mal nach. Sagen Sie mir bitte Ihre Kundennummer?
▶ Ja, das ist die ... EA 23 34 56.
◀ Und die Rechnungsnummer?
▶ 12 Strich 65 95 42.
◀ Hier ist es schon ... 150 Paar Handschuhe, 300 Handbälle, 200 Basketbälle.
▶ Das mit den Handbällen und Basketbällen stimmt, aber die Handschuhe, die haben wir nicht bestellt und auch nicht bekommen.
◀ Das ist aber komisch. Hier steht: 150 Paar Fitness-Handschuhe, Bestellnummer 10 77, Farbe Schwarz-Pink-Violett.
▶ Ja, ich weiß, da gab es auch ein kleines Problem. Wir hatten erst Handschuhe bestellt, dann war es aber die falsche Farbe. Und dann haben wir gesehen, dass wir doch noch ziemlich viel auf Lager hatten. Das war unser Fehler.
◀ Aha.
▶ Ja und dann habe ich die Bestellung der Handschuhe storniert, und zwar per Fax am 20. 11. Herr Möllemann hat mir das noch am selben Tag bestätigt, auch per Fax. Er hat dazugeschrieben, dass das in Ordnung geht. Das war alles am 20. November.
◀ Tja, vielleicht ist die Stornierung nicht rechtzeitig zu uns in die Buchhaltung gekommen. Augenblick, ich seh mal bei den Lieferscheinen nach ... hier ... 300 Handbälle, 200 Basket... stimmt, von Handschuhen steht hier nichts. Ach und da ist ja auch Ihr Fax ... und die Kopie von Herrn Möllemann. Also da sind die Unterlagen erst zu uns gekommen, als die Rechnung schon draußen war. Das tut mir leid.
▶ Das macht nichts. Es war ja auch ein bisschen kompliziert mit unserer Bestellung, den Farben und so weiter. Was soll ich denn jetzt machen? Soll ich den Betrag für die Handschuhe einfach abziehen und den Rest überweisen?
◀ Nein, das brauchen Sie nicht. Es ist am besten, ich storniere ganz einfach die Rechnung und schicke Ihnen eine neue, ohne die Handschuhe. Damit's nicht nochmal schief geht.
▶ Ja, danke, das ist sicher die beste Lösung.
◀ Gut, dann machen wir's so. Ich schicke Ihnen heute noch die neue Rechnung. Die haben Sie dann in

den nächsten Tagen. Die alte werfen Sie einfach in den Papierkorb.
▶ Gut, dann vielen Dank für Ihre Mühe!
◀ Gern geschehen.
▶ Auf Wiederhören.
◀ Wiederhören.

Kapitel 10

◀ Allkauf GmbH, Jonas.
▶ Guten Tag, hier ist Carla Benedetti von Santini Export in Piacenza.
◀ Ja, guten Tag.
▶ Ich rufe Sie an, weil … wir haben ein Problem. Sie haben doch sicher von den Überschwemmungen in Italien gehört.
◀ Ja, gestern in den Nachrichten.
▶ Hier in Piacenza ist es besonders schlimm. Auch unsere Firma steht unter Wasser. Alles schwimmt.
◀ Oh, das tut mir leid zu hören. Wie ist denn zur Zeit die Lage?
▶ Nicht sehr gut. Der Regen hat erst heute morgen aufgehört. Unsere Lager sind fast alle zerstört. Deshalb rufe ich Sie auch an. Wir können leider nicht pünktlich liefern, was Sie bestellt haben. Wir sind da völlig machtlos. Das ist höhere Gewalt.
◀ Das klingt ja nicht gut. Tja … also bitte verstehen Sie mich nicht falsch. Es tut mir natürlich sehr leid, was Ihnen da passiert ist. Aber wenn Sie nicht liefern können, entstehen auch für uns enorme Probleme.
▶ Ich weiß. Es ist mir wirklich unangenehm, aber was soll ich denn dagegen tun?
◀ Ganz klar, ich meine, wir sollten versuchen in aller Ruhe eine Lösung zu finden. Wie groß sind denn die Chancen … also ab wann können Sie denn Ihrer Meinung nach wieder liefern?
▶ Hm, genau kann ich es nicht sagen. Der Regen hat aufgehört und ich denke, ab heute können wir mit dem Aufräumen anfangen.
◀ Es wird also noch länger dauern … und so kurzfristig kriegen wir das Gemüse auch von keinem anderen Lieferanten …
▶ Wissen Sie, wir wollen Sie ja nicht als Kunden verlieren. Und ich glaube auch, dass wir schon bald wieder liefern können … so in zwei, drei Wochen vielleicht. Nächste Woche kann ich sicher schon mehr sagen.
◀ Okay. Könnten Sie mich denn nächste Woche nochmal anrufen?
▶ Ja, natürlich. Dann haben wir einen Überblick, auch über die Menge, die wir schon vor dem Regen in Sicherheit gebracht haben.
◀ Gut, mit zwei Wochen Verzögerung können wir gerade noch leben. Wir müssen ja auch planen. Aber man sollte vielleicht … also wir könnten dann nächste Woche nochmal über den Preis sprechen …
▶ Ja, ich melde mich wieder bei Ihnen, so früh wie möglich, spätestens am Dienstag.
◀ In Ordnung. Also dann bis nächste Woche, und alles Gute!
▶ Danke. Auf Wiederhören.
◀ Wiederhören.

Kapitel 11

◀ Bergmann GmbH, Zeck.
▶ Guten Tag, Frau Zeck. Hier spricht Bergström, von APP in Köln. Wir haben vor ein paar Wochen schon mal miteinander telefoniert.
◀ Ja natürlich, Tag, Herr Bergström. Was kann ich für Sie tun?
▶ Tja, der Grund, warum ich Sie heute anrufe, ist leider nicht sehr angenehm.
◀ Oh je …
▶ Wir haben Ihre Lieferung kontrolliert und festgestellt, dass die Menge nicht stimmt. Und die Größe auch nicht.
◀ Das ist ja wirklich ärgerlich. Gut, dass Sie mich gleich angerufen haben. Um welche Teile geht es denn?
▶ Um die Dichtungen vom Typ AB 40. Da hatten wir ja gesagt: 46 Stück, und zwar in Größe 9.
◀ Mmh … Moment, ich habe jetzt Ihre Bestellung auf dem Bildschirm. 46 Stück, AB 40, Größe 9 … Sie haben völlig Recht, Herr Bergström. So steht es hier auch. Und was haben Sie bekommen?
▶ 36 Stück in Größe 8. Der Typ war zwar okay, aber das war das Einzige.
◀ Das tut mir wirklich leid. Ich weiß im Moment leider auch nicht, wie das passieren konnte.
▶ Ohne die richtigen Teile kommen wir in ziemliche Schwierigkeiten. Sie können sich ja vorstellen, wenn es zu Verzögerungen bei der Produktion kommt, kriegen wir Ärger mit den Kunden.
◀ Natürlich, das verstehe ich. Ich meine, gerade von uns können Sie erwarten, das heißt müssen Sie erwarten können, dass alles klappt. Der Fehler liegt bei uns, Herr Bergström, ganz klar. Und ich, tja, ich möchte mich persönlich bei Ihnen entschuldigen.
▶ Schon gut. Können wir denn so schnell wie möglich die richtigen Teile bekommen?
◀ Auf jeden Fall, Herr Bergström. Ich werde mich sofort darum kümmern. Die Lieferung geht heute noch an Sie raus. Ich schicke alles per Express, dann haben Sie die Ware schon morgen.
▶ Gut, vielen Dank.
◀ Ich danke Ihnen.
▶ Wiederhören.
◀ Wiederhören, Herr Bergström.

Kapitel 12

◀ Earthwind Recycling, Zaun.
▶ Guten Tag, mein Name ist Sommer, von Sautner & Co. Wir haben da von Ihnen heute die dritte Mahnung bekommen ...
◀ Ja ...?
▶ Ich wollte nur sagen, dass ich Ihnen heute einen Scheck zuschicke.
◀ Geben Sie mir bitte mal die Rechnungsnummer?
▶ Ja, das ist die ... SA 93 S 0 14 30.
◀ Augenblick bitte ... 14 30 ... So ... vom 2. 9., über 95 000 Mark?
▶ Genau. Es tut mir leid, dass es so lang gedauert hat. Aber wir hatten ein Problem mit der EDV. Deshalb ist auch der Betrag noch offen ...
◀ Ist klar.
▶ ... aber heute geht der Scheck noch raus.
◀ Wollen Sie das wirklich per Scheck erledigen? Ist das nicht zu riskant?
▶ Nein, wir lassen ihn mit dem Botendienst bringen. Das ist eine sichere Sache. Und außerdem geht's am schnellsten. Über die Bank dauert es ja wieder ein paar Tage.
◀ Gut, wie Sie meinen. Darf ich Sie vielleicht noch daran erinnern die Verzugszinsen nicht zu vergessen?
▶ Ja, danke. Die sind schon auf dem Scheck dabei.
◀ Alles klar. Dann mach ich hier noch einen Vermerk, dass der Betrag unterwegs ist ... laut Frau ... wie war bitte nochmal Ihr Name?
▶ Sommer, Anja Sommer.
◀ ... Sommer. Gut, Frau Sommer. Dann danke ich Ihnen für den Anruf.
▶ Gern geschehen.
◀ Wiederhören.
▶ Auf Wiederhören.

Kapitel 13

● Textilmaschinen Bertele, Schneider, guten Tag.
▶ Guten Tag, hier spricht Carlo Ramazotti von Alfani in Milano. Kann ich bitte Herrn Haberling sprechen?
● Einen Moment bitte, ich verbinde.
▶ Danke.
...
◀ Haberling.
▶ Guten Tag, Herr Haberling, hier ist Ramazotti, Alfani, Sie wissen vielleicht noch ...
◀ Ja natürlich, wie äh ... was kann ich für Sie tun?
▶ Ja, es gibt ... also wir haben da im Moment ein Problem, und zwar ... Sie haben uns vor fünf ... oder nein, vor knapp sechs Monaten zwei Wechsel geschickt. Einen Wechsel mit drei Monaten Laufzeit, den haben Sie ja schon eingelöst, bei unserer Hausbank ...
◀ Ja ...?
▶ Und das Problem ... das ist der zweite Wechsel, der mit sechs Monaten Laufzeit. Der muss in wenigen Tagen ... also er ist dann fällig und wir konnten ihn noch nicht ... äh ... nicht ...
◀ ... decken?
▶ Ja genau, decken. So heißt das.
◀ Herr Ramazotti, bevor wir weiterreden, ich hol nur schnell mal die Unterlagen vor ... So, genau, der zweite Wechsel ... ist am 15. 6. fällig. Das ist der nächste Mittwoch ...
▶ Richtig. Jetzt ist es aber so, dass unser wichtigster Kunde Berluccini, das sind Kaufhäuser wie bei Ihnen Hertie, der hat Konkurs gemacht.
◀ Ja, das habe ich in der Zeitung gelesen.
▶ Und jetzt sitzen wir da und bekommen kein Geld. Vielleicht in ein paar Monaten ...
◀ Tja ...
▶ Deshalb auch meine Frage an Sie: Wäre es möglich zu prolongieren um sechs Monate?
◀ Hm ...
▶ Dann haben wir die Herbstkollektion verkauft. Außerdem verhandeln wir gerade mit einer belgischen Kaufhauskette. Die Kosten würden wir natürlich übernehmen.
◀ Sechs Monate ... Ja, ich denke, das lässt sich machen. Wir haben ja bis jetzt ganz gute Geschäfte mit Ihnen gemacht.
▶ Sehr schön. Dann mache ich heute noch den Verlängerungswechsel fertig mit unserem Akzept.
◀ Einverstanden.
▶ Also dann, vielen Dank, Herr Haberling, und auf Wiederhören.
◀ Wiederhören.

Kapitel 14

● Gans.
▶ Guten Tag Frau Gans, mein Name ist Augustin. Ich hätte gern Ihren Mann gesprochen.
● Meinen Mann. Ja, Moment, den muss ich erst holen, der ist draußen beim Vieh ... warten S' doch einen Moment, bitte ... Ach, da kommt er grad rein. Gustav, für dich.
◀ Gans.
▶ Guten Tag Herr Gans, hier ist Augustin.
◀ Ah, Grüß Sie Gott, Herr Augustin.
▶ Ich habe gerade Ihren Brief bekommen und ...
◀ Ja? Mei ... wissen S' ... so ein Pech aber auch ... das mit dem Unwetter ...
▶ Ja, ich hab's in der Zeitung gelesen.
◀ Die ganze Ernte ... das ganze Getreide ist hin. Der Hagel hat alles kaputtgemacht. Ich sag Ihnen ... so ein Pech aber auch. Und alles ist so gut dagestanden vorher. Wir haben ja heuer mit einer Rekordernte gerechnet ... und jetzt so ein Unglück.

▶ Ja ... das kann ich schon verstehen ...
◀ Und verkaufen tun mir da ja jetzt auch nix, des is ja klar, wo alles hin ist ...
▶ Mhm ... ja ja ... und da liegt auch das Problem. In Ihrem Brief schreiben Sie, Sie hätten gern monatliche Teilzahlungen ...
◀ Ja.
▶ ... also nicht den ganzen Betrag auf einmal ...
◀ Ja.
▶ Da wollen wir Ihnen auch gern entgegenkommen ... aber immerhin geht es um fast 100 000 Mark. Da werden Sie verstehen, dass wir eine Vereinbarung treffen müssen.
◀ Mhm, ja.
▶ Also ich kann Ihnen folgenden Vorschlag machen: Sie bezahlen in Raten immer am Anfang des Monats, und solange Sie in Raten zahlen, berechnen wir Ihnen 2% Zinsen auf den Restbetrag, das heißt ... auf die Summe, die noch offen ist. Wenn Sie dann von Ihrer Versicherung das Geld haben, zahlen Sie den Rest komplett.
◀ Ja, wenn die Versicherung zahlt. Des weiß man ja vorher nie ... die stellen sich da immer so an ... und dann die Politiker ...
▶ Ja, also ich denke, die Politiker werden schon dafür sorgen, dass Sie eine Entschädigung bekommen, das ist doch da normalerweise immer üblich ...
◀ Ja mei ... wissen S', die reden bloß immer ...
▶ Also, Herr Gans, sind Sie mit unserem Vorschlag einverstanden oder nicht? Wir sind da eigentlich sehr entgegenkommend Ihnen gegenüber ... bei der Summe ...
◀ Ja, ja ... is' ja recht ... dann machen wir das halt so.
▶ Gut. Ich schick Ihnen also eine Vereinbarung, die unterschreiben Sie und schicken sie mir dann bitte gleich zurück.
◀ Ja.
▶ Sie haben das morgen oder übermorgen ...
◀ Ja.
▶ Also dann verbleiben wir so. Wenn es Fragen gibt, melden Sie sich einfach bei mir. Einverstanden?
◀ Ja.
▶ Einen schönen Tag noch, Herr Gans und ... auf Wiederhören.
◀ Wiederhören.

Kapitel 15

◀ Wopper GmbH, Kaltofen, guten Tag.
▶ Hallo Claudia, Sven Bogner aus Berlin am Apparat.
◀ Hallo Sven, wie geht's Ihnen?
▶ Danke gut. Und Ihnen?
◀ Ziemlich viel Stress zur Zeit, aber es geht schon. Wir haben ja schon lange nichts mehr gehört voneinander.
▶ Ja, stimmt ... Bei uns ist auch ziemlich viel los im Moment ... Claudia, der Grund, warum ich anrufe ...
◀ ... bin ich.
▶ Das ist natürlich der eine Grund. Es ist ... es gibt aber noch einen zweiten Grund. Wir planen da im Moment was Größeres in Magdeburg ... Tja, und das geht halt nicht ohne Partner. Wir wollen das mit einem Partner von dort durchziehen. Der kennt die Verhältnisse besser wie wir, und zwar Peter Groß. Er hat mir gesagt, er bezieht seine Sachen auch von Euch.
◀ Peter Groß, klar, den kenn ich, ein alter Partner von uns. Aber was hat das mit mir zu tun?
▶ Nun ... also bevor wir uns mit ihm zusammentun, würden wir ... wir hätten ganz gern ein paar Informationen über ihn. Wie er zahlt und so, ob er zuverlässig ist. So eine Kooperation ist schließlich Vertrauenssache. Und da dacht ich, ich könnte vielleicht ... das heißt, Sie könnten mir vielleicht ein paar Auskünfte geben.
◀ Aber warum fragen Sie dann nicht bei der Inter-Kredit an? Die machen doch nichts anderes.
▶ Haben wir natürlich schon gemacht. Aber ich hab mir gedacht, ein paar Zusatzinformationen könnten nicht schaden ...
◀ Tja, Sven, konkrete Zahlen über Preise und so kann ich leider nicht weitergeben, das ist Geschäftsgeheimnis. Ich könnte höchstens ganz allgemein was über die Zahlungsmoral sagen.
▶ Klar, aber das wär ja auch schon was.
◀ Also, bei uns hat er immer pünktlich bezahlt. Und was ich sonst noch so weiß über ihn, ist, dass er ... ich glaub, er hat jetzt mittlerweile schon fünf Lokale, alle in den neuen Bundesländern. Er gilt als der Gastronom dort, absolut seriös. Also ich hätte da keine Bedenken ... Ist es wieder so ein Yuppie-Lokal, was Sie mit ihm da machen wollen?
▶ Nein, nein, wir dachten da an was Bayerisches, mit eigener kleiner Brauerei, großem Biergarten und so.
◀ Dann kann ich ja vielleicht auch mit einigen Aufträgen von Ihnen rechnen ...
▶ Klar, Claudia, wir vergessen Sie schon nicht. Vor allem jetzt, nach diesen wertvollen Informationen ...
◀ ... sind Sie mir ja noch was schuldig.
▶ Natürlich. ... Okay, das wär's. Jedenfalls vielen Dank!
◀ Oh bitte bitte. Na dann, viel Glück in Magdeburg.
▶ Danke. Bis bald.
◀ Ja, bis demnächst. Tschüs.
▶ Tschüs.

Lösungsschlüssel

Kapitel 1

Übung 1
1g, 2j, 3h, 4i, 5b, 6k, 7c, 8a, 9d, 10f, 11e

Übung 2
geehrte, Hersteller, Partner, Produkte, Produktionsprogramm, zu geben, legen ... bei, spezialisiert, verfügen, mitzuteilen, tätig, freundlichen

Übung 3
Sehr geehrte Damen und Herren,
wir sind der größte taiwanesische Importeur von Autoersatzteilen und suchen die Zusammenarbeit mit leistungsfähigen Firmen, die sich für den Vertrieb ihrer Produkte in unserem Land interessieren. Damit Sie einen Überblick über unser Angebot bekommen, legen wir Ihnen Prospekte bei.
Bitte senden Sie uns ein Verzeichnis mit den Namen und Adressen der führenden bayerischen Firmen dieser Branche zu.
Mit freundlichen Grüßen

Übung 4
1 Die Firma sucht einen neuen Markt, um ihren Absatz zu erhöhen.
2 Das Unternehmen modernisiert die Maschinen, um schneller und billiger produzieren zu können.
3 Wir brauchen zuverlässige Lieferanten, damit unsere Produkte rechtzeitig auf den Markt kommen.
4 Die Qualität ist uns sehr wichtig, damit unsere Kunden zufrieden sind.
5 Wir wenden uns an Sie, um Informationen über die aktuelle Marktlage zu bekommen.
6 Besonders mit dänischen Firmen würden wir gern Kontakt aufnehmen, um uns über unsere Chancen auf diesem Markt zu informieren.
7 Unser Unternehmen sucht die Kooperation mit einem zuverlässigen Partner, damit wir in ganz Dänemark vertreten sind.
8 Zwei unserer Manager kommen nach Kopenhagen, um dort in einem Intensivkurs Dänisch zu lernen.
9 Die Firma leistet sich die Kosten, damit die Geschäftspartner die Anliegen der Firma verstehen können.

Übung 5
sich interessieren für + Akk., beginnen mit + Dat., teilnehmen an + Dat., sich verständigen mit + Dat., sich erkundigen bei + Dat./nach + Dat., bitten um + Akk., abhängen von + Dat., verfügen über + Akk., sich vorbereiten auf + Akk., zweifeln an + Dat., sich freuen auf + Akk., sich konzentrieren auf + Akk., sich gewöhnen an + Akk., denken an + Akk., sich beschäftigen mit + Dat., sprechen mit + Dat., sich freuen über + Akk.

Übung 6
an, mit, an, auf, für, vom, an/bei, nach, um

Übung 7
1 Bei der Deutsch-Italienischen Handelskammer.
2 Er interessiert sich für Adressen von Textilfabrikanten in Italien.
3 Weil es dort ziemlich viele Modefirmen gibt.
4 Entweder direkt mit den Firmen oder über eine Vertretung/einen Repräsentanten.
5 Ist vor Ort, kennt sich aus, hat die richtigen Kontakte.
6 Weil die Firma Bertele primär an mittelständischen Firmen interessiert ist.
7 Um Zusendung einer Liste mit Namen und Adressen der Vertretungen zu seinen Händen.

Übung 8
Bertele GmbH
Herrn Hafner
Postfach 34 90
86179 Augsburg

Kapitel 2

Übung 1
1m, 2f, 3b, 4h, 5o, 6a, 7k, 8l, 9g, 10j, 11c, 12n, 13d, 14i, 15e

Übung 2
beziehen, auf, vom, Unternehmen, an, Erzeugnissen, senden, so, wie, unverbindliches, ausführlichen, Lieferzeiten, Auskünfte, wenden, Sollten, künftig, rechnen

Übung 3
geehrte, letzten, ausgewählten, langjährigen, exklusive, wirklichen, hochwertige, aktuellen, guter, gelieferten, weiteren, renommierte, freundlichen

Übung 4
aromatischer Schinken, italienischer Schinken, reifes Obst, griechisches Obst, leichter Wein, französischer Wein, rote Tulpen, holländische Tulpen, dunkles Brot, deutsches Brot, schwarzer Kaffee, brasilianischer Kaffee, grüner Tee, indischer Tee, weißes Porzellan, chinesisches Porzellan

Übung 5
das Ereignis, die Druckerei, die Rückfrage, der Manager, die Spedition, das Konto, die Liste, der Vertreter, die Zahlung, das Zentrum, der Laden, die Mentalität, die Maschine, das Erzeugnis, der Hersteller, die Molkerei, die Formulierung, das Plakat, die Pünktlichkeit, die Kundin, der Lieferant, die Größe, die Gewerkschaft, der Anbieter, das Auto, die Verpackung, der Kopierer, die Rechung, die Woche, das Element, das Porto, die Kollegin, der Faktor, die Industrie, die Bestellung, das Format, die Leistung, der Motor, die Wirtschaft, die Anzeige, der Spezialist, der Zwilling, die Adresse, die Farbe, die Schwierigkeit, die Ware, die Versicherung

Übung 6
Ihre, der, der, einer, Diese, kein, eine, eine, unsere, die, unser, der, Ihren

Übung 7
1 Wein
2 Korkenzieher
3 Nein, sie haben verschiedene Modelle im Angebot.
4 Sie möchte den Korkenzieher aus Edelstahl für den echten Weinkenner.
5 Für ihre Kunden als Geschenk.
6 21 Mark plus Mehrwertsteuer.

Übung 8
1 Georges Dubœuf S. A.
12, rue de ville
21200 Beaune
2 *freie Übung*

Kapitel 3

Übung 1
1f, 2g, 3d, 4e, 5c, 6i, 7h, 8a, 9b

Übung 2
Ab Werk; Frei Frachtführer; Frei Längsseite Seeschiff; Frei an Bord; Kosten und Fracht; Kosten, Versicherung und Fracht; Frachtfrei; Frachtfrei versichert; Geliefert Grenze; Geliefert ab Schiff; Geliefert ab Kai (verzollt); Geliefert unverzollt; Geliefert verzollt

Übung 3
gefreut, erhalten, gewünschte, pro Stück, Nettopreise einschließlich, begleichen, Skonto, innerhalb, ohne Abzug, Mengenrabatt, bestellen, liefern, frei Haus, Bestellung, Lieferung

Übung 4
4, 3, 9, 6, 11, 10, 5, 2, 1, 7, 8

Übung 5
ein interessantes, eine aktuelle, einem größeren, Eine ausführliche, eine baldige, ein mittelständisches, elektronischen, einen einmaligen, Eine schriftliche

Übung 6
geehrte, vielen, neuesten, flexibles, modernster, digitaler, aktuellen, genauer, vielfältigen, aktive, passende, heutigen, richtige, geltenden, genauen, beiliegenden, effektive, freundlichen

Übung 7
das Verpackungsmaterial, der Stückpreis, der Kommissionsvorsitzende, das Fabrikgelände, die Gehaltserhöhung, das Wirtschaftswachstum, die Geschwindigkeitsbegrenzung, der Arbeitsplatz, die Mehrwertsteuer

Übung 8
München, den 12. 8. 19. .

Sehr geehrte Damen und Herren,
wir danken Ihnen für Ihre Anfrage vom 5. 8. 19. . Sie suchen eine repräsentative Halle, da Sie eine Sonderausstellung Ihrer Brauereiprodukte planen.
Wir empfehlen Ihnen entweder eine große 40 m lange Halle oder zwei kleinere Hallen mit Durchgang. Letztere haben den Vorteil, dass Sie die Produktpräsentation auch räumlich gliedern können.
Wir möchten Sie noch darauf aufmerksam machen, dass wir einen Miet- und Leasing-Service entwickelt haben, um flexibel und preiswert auf die Wünsche unserer Kunden reagieren zu können.
Die Kosten für Bauteile, Lieferung und Aufbau der Hallen entnehmen Sie bitte dem beiliegenden Katalog, in dem Sie auch unsere geltenden Liefer- und Zahlungsbedingungen finden.

Über einen baldigen Auftrag von Ihnen würden wir uns freuen.
Mit freundlichen Grüßen
Hecker Stahlbau GmbH

Übung 9

1 In einer Besprechung.
2 Vom 17. April.
3 Das Problem der Lieferzeit. Herr Rowe möchte wissen, ob die Firma Thompson statt in vier Wochen eventuell auch schon in zwei Wochen liefern kann.
4 Bis 18 Uhr.

Übung 10

1 0041
2 116805
3 34

Kapitel 4

Übung 1

1d, 2j, 3k, 4a, 5i, 6h, 7b, 8f, 9c, 10g, 11e

Übung 2

Glückspilz, nämlich, dabei sein, Gewinnchance, höchste, geht, für, selbst, bis, steuerfrei, Schritt, glückliche, Erfüllen, endlich, wünscht

Übung 3

1 Sie schreibt die Geschäftspartner an.
2 Sie verschickt Werbebriefe.
3 Sie überzeugt die Kunden.
4 Sie bedient das Faxgerät.
5 Sie bereitet die Sitzung vor.
6 Sie vergleicht Angebote.
7 Sie schickt Telexe ab.
8 Sie entwirft Projekte.
9 Sie berät die Kunden.
10 Sie holt die Gäste ab.
11 Sie meldet die Besucher an.
12 Sie vereinbart Termine.

Übung 4

überarbeiten, mitarbeiten, ausarbeiten, aufarbeiten, arbeitet ... nach, verarbeiten, bearbeiten

Übung 5

1 Sie hat die Geschäftspartner angeschrieben.
2 Sie hat Werbebriefe verschickt.
3 Sie hat die Kunden überzeugt.
4 Sie hat das Faxgerät bedient.
5 Sie hat die Sitzung vorbereitet.
6 Sie hat Angebote verglichen.
7 Sie hat Telexe abgeschickt.
8 Sie hat Projekte entworfen.
9 Sie hat die Kunden beraten.
10 Sie hat die Gäste abgeholt.
11 Sie hat die Besucher angemeldet.
12 Sie hat Termine vereinbart.

Übung 6

ohne Präfix: gesagt, getan, storniert
trennbar: eingehalten
untrennbar: verbunden, verkauft, erreicht, erlebt, entwickelt

Übung 7

gesagt, getan, erreicht, verkauft, eingehalten, storniert, verbunden, erlebte, entwickelten

Übung 8

1 Es ist Quartalsende.
2 Zwei Wochen.
3 In Sevilla (Spanien).
4 Sie hat es in der Zeitung gelesen.
5 Weil Explo sehr wahrscheinlich das eine oder andere wieder bestellen will.
6 Nein. Sie schickt Herrn Stahl selbst eine Preisliste zu.

Übung 9

1 Herr Stahl begrüßt Frau Brummer mit ihrem Namen. Frau Brummer freut sich offensichtlich über den Anruf von Herrn Stahl und fragt ihn danach, wie es ihm geht. Sie sprechen auch über private Dinge, hier über den bevorstehenden Urlaub von Frau Brummer. Sie verabschieden sich am Ende des Gesprächs mit der lockeren Grußformel „Tschüs".
2 Da haben wir viel Arbeit/viel zu tun.
3 Vertretung, jemanden vertreten.

Kapitel 5

Übung 1

1d, 2g, 3f, 4h, 5b, 6a, 7c, 8e

Übung 2

über, zugeschickt, erhalten, letzten, zufrieden, wissen, interessant, lässt, Sensation, Messe, vorbeikommen, Gerät, Eigenschaften, Termin, entschließen, Rabatt

Übung 3

Sehr geehrter Herr Nehrut,
vor ca. acht Wochen haben wir Ihnen ein Angebot über unsere Druckmaschinen gemacht. Leider haben Sie bisher nicht darauf geantwortet. Wir nehmen an, dass Sie sich noch nicht entschließen konnten, weil Sie die Neuerungen unseres 97er Programms abwarten wollten.
Nun, jetzt ist es so weit.
Unseren Technikern ist es gelungen die Druckge-

schwindigkeit nochmals zu erhöhen und den Wartungsaufwand weiter zu reduzieren. Trotz dieses Fortschritts konnten wir die Preise stabil halten.
Sollten Sie eher an unseren 96er Modellen interessiert sein – wir haben noch einige Maschinen zu sehr günstigen Konditionen auf Lager. Zur besseren Information schicken wir Ihnen eine ausführliche technische Beschreibung der neuen Modelle mit. Wir hoffen, bald von Ihnen zu hören.
Mit freundlichen Grüßen

Übung 4

1 ist **2** ist **3** hat **4** hat **5** ist **6** hat, hat
7 hat, ist **8** ist, hat **9** hat, ist **10** hat, ist
11 sind, hat **12** ist

Übung 5

1 Er ist schon angekommen.
2 Ich habe ihn schon angerufen.
3 Ich habe schon an sie geschrieben.
4 Ich habe / Wir haben sie Ihnen schon mitgeteilt.
5 Sie hat ihn schon unterschrieben.
6 Er hat ihn schon gebucht.
7 Sie ist schon nach Frankfurt geflogen.
8 Sie ist schon in München gelandet.
9 Ich habe sie schon kopiert.
10 Sie hat schon stattgefunden.

Übung 6

1 Leider musste ich den Termin am Montag absagen, weil ich kurzfristig verhindert war.
2 Herr Müller wollte sich bei seinem Besuch in Paris mit den französischen Geschäftspartnern treffen, um den Vertrag zu unterzeichnen.
3 Im Konferenzraum durfte man nicht rauchen.
4 Wer mochte, konnte am Nachmittag die Ausstellung besuchen.
5 Zwei unserer Manager waren in Kopenhagen. Sie sollten dort in einem Intensivkurs Dänisch lernen.
6 Alle Firmen hatten im Herbst die Möglichkeit, ihre neuesten Erzeugnisse der Öffentlichkeit vorzustellen.
7 Wir mussten den Kunden mitteilen, dass die bestellten Waren nicht lieferbar waren.
8 Frau Kraus musste dringend nach Hamburg fahren. Sie war deshalb den ganzen Tag nicht zu erreichen.

Übung 7

1 Als **2** Wenn **3** wenn **4** Als **5** als **6** wenn
7 als **8** Wenn

Übung 8

1 ja **2** nein **3** ja **4** nein **5** ja

Übung 9

1 Herr Andergast ist für den Speiseplan im Seniorenheim zuständig.
2 Er findet die Preise recht günstig.
3 Weil die Damen und Herren des Seniorenheims immer seltener Fleisch essen.
4 Truthahnfleisch.
5 Fettarm, leicht verdaulich, magenfreundlich.

Übung 10

freie Übung

Kapitel 6

Übung 1

1c, 2e, 3g, 4f, 5a, 6d, 7b

Übung 2

für, vom, Rücksprache, bestelle, bestätigen, Auftrag, wie, nennen, frühesten, abholen, spätestens, annehmen, gewähren, Ziel

Übung 3

5, 12, 10, 6, 7, 2, 1, 4, 8, 11, 3, 9
oder: 5, 12, 1, 4, 8, 11, 10, 6, 7, 2, 3, 9

Übung 4

1 Wenn Sie uns 15% Rabatt geben, bestellen wir die Kopierer bei Ihnen.
2 Wenn Sie uns den Auftrag geben, können wir Ihnen preislich entgegenkommen.
3 Wenn Sie sich bald entscheiden, bekommen Sie Sonderkonditionen.
4 Wenn Sie an unserem Angebot Interesse haben, rufen Sie uns an.
5 Wenn die gelieferten Waren von guter Qualität sind, können Sie mit weiteren Aufträgen rechnen.
6 Wenn die Firma das Angebot annimmt, schließt sie damit einen Kaufvertrag ab.
7 Wenn die Firma Canon in Kürze liefert, können wir bald mit den neuen Kopierern arbeiten.
8 Wenn die Firma zu spät liefert, können wir die Ware nicht mehr annehmen.
9 Wenn der Kunde nicht pünktlich zahlt, können wir ihm keinen Rabatt gewähren.
10 Wenn die Firma die Ware nicht sachgemäß verpackt, nehmen wir die Lieferung nicht an.

Übung 5

1 Nimmt man ein festes Angebot an, dann muss man die Ware abnehmen und bezahlen.
2 Geben Sie uns den Auftrag, dann können wir Ihnen preislich entgegenkommen.
3 Sind die gelieferten Waren von guter Qualität, dann können Sie mit weiteren Aufträgen rechnen.
4 Nimmt die Firma das Angebot an, dann schließt sie damit einen Kaufvertrag ab.
5 Liefert die Firma zu spät, dann können wir die Ware nicht mehr annehmen.

Übung 6

1 Sollten Sie sich bald entscheiden, bekommen Sie Sonderkonditionen.
2 Sollten Sie an unserem Angebot Interesse haben, rufen Sie uns an.
3 Sollte die Firma Canon in Kürze liefern, können wir bald mit den neuen Kopierern arbeiten.
4 Sollte der Kunde nicht pünktlich zahlen, können wir ihm keinen Rabatt gewähren.
5 Sollte die Firma die Waren nicht sachgemäß verpacken, nehmen wir die Lieferung nicht an.

Übung 7

1 Wenn Ihnen die Ware nicht gefällt, kann sie umgetauscht werden.
2 Wenn Sie die Ware versenden, achten Sie auf sachgemäße Verpackung.
3 Wenn Sie das Gerät sorgfältig pflegen, haben Sie lange Freude daran.
4 Wenn Sie regelmäßig trainieren, stellt sich ein positiver Effekt ein.
5 Wenn Sie weitere Fragen haben, wenden Sie sich an unser Team.
6 Bei Interesse rufen Sie uns bitte an.
7 Bei Vertragsabschluss werden auch die Zahlungsmodalitäten geregelt.
8 Bei regelmäßigem Besuch unseres Fitness-Studios bekommen Sie einen Treue-Bonus.
9 Bei Sonderwünschen berät unser Trainer Sie gerne.
10 Bei Mängeln müssen Sie sofort reklamieren.

Übung 8

auf, für, um, zur, mit, nach, auf, zwischen, für, über, von, Mit

Übung 9

1 Mit Herrn Möllemann.
2 Mit der Bestellannahme.
3 Weil Herr Möllemann noch telefoniert.
4 10 76
5 Schwarz-Weiß-Grau
6 10 77
7 Schwarz-Pink-Violett

Übung 10

Er ist gegenüber Frau Panadero ziemlich unfreundlich, wenn er zum Beispiel sagt: Ja ja, ich habe schon verstanden. / Welche Menge wollen Sie? / Na schön, ich korrigiere das gleich im Computer.

Kapitel 7

Übung 1

1e, 2d, 3a, 4f, 5c, 6b

Übung 2

Bestellung, Leider, bisherigen, ausführen, Aufgrund, erhöhen, auf, Verständnis, Preisliste, zu, bestätigen

Übung 3

1 Bitte senden Sie uns den neuen Katalog zu.
2 Bitte informieren Sie uns über Ihre Neuentwicklungen.
3 Teilen Sie uns bitte den frühesten Liefertermin mit.
4 Bestätigen Sie (uns) bitte den Auftrag.
5 Bitte gewähren Sie uns 30 Tage für die Zahlung.
6 Rufen Sie mich/uns bitte an.
7 Verbinden Sie mich bitte mit der Buchhaltung.
8 Bitte unterschreiben Sie den Vertrag.
9 Bitte schicken Sie die bestellte Ware morgen ab.
10 Bitte verpacken Sie die Ware sorgfältig.
11 Liefern Sie (uns) die Ware bitte noch vor Weihnachten.
12 Bitte kommen Sie bei Ihrem nächsten Besuch in München bei uns vorbei.

Übung 4

1 würden … liefern
2 wären, könnten
3 würden … freuen
4 würde … sprechen
5 möchte
6 könnte, hätten

Übung 5

1 möchte, mag
2 mag, will, Möchtest
3 wollen, Möchtest, magst

Übung 6

1 Würden Sie bitte das Fenster öffnen/aufmachen?
2 Was möchten Sie trinken?
3 Würden Sie mir bitte den Zucker geben?
4 Möchten Sie noch ein Dessert?
5 Ich möchte gern zahlen. / Würden Sie mir bitte die Rechnung bringen?
6 Ich würde morgen bei Ihnen vorbeikommen.
7 Würden Sie mich bitte über die weitere Entwicklung informieren?
8 Würden Sie bitte Ihren Namen buchstabieren?
9 Würden Sie uns bitte Ihre Preisliste zuschicken?
10 Wir möchten mit anderen Firmen Kontakt aufnehmen.

Übung 7

1 Kennen **2** Können **3** weiß **4** Wissen
5 weiß, kenne, kann **6** können **7** kann, weiß
8 kennt **9** Wissen, kann

Übung 8

1r, 2f, 3f, 4r, 5r, 6r, 7f, 8r

Kapitel 8

Übung 1
1e, 2c, 3h, 4n, 5l, 6a, 7i, 8j, 9m, 10k, 11b, 12d, 13g, 14f

Übung 2
1 der Karton, -s
2 der Lattenverschlag, ¨-e
3 der Sack, ¨-e
4 die Holzkiste, -n
5 der Container, -
6 das Fass, Fässer
7 die Lattenkiste, -n
8 die Palette, -n
9 die Trommel, -n

Übung 3
6, 3, 9, 1, 8, 2, 5, 7, 4

Übung 4
1 Oben
2 Vor Nässe schützen
3 Vor Hitze schützen
4 Zerbrechliches Packgut
5 Entzündbare Flüssigkeit
6 Keine Handhaken verwenden

Übung 5
1 Ich werde den Kollegen anrufen.
2 Ich werde mit dem Lieferanten telefonieren.
3 Ich werde bei Herrn Rörlich vorbeigehen.
4 Ich werde den Chef anrufen.
5 Ich werde bei meinem Nachbarn vorbeigehen.
6 Ich werde Frau Emmerich morgen anrufen.
7 Ich werde mit Ihrem Spezialisten sprechen.
8 Ich werde mit dem Assistenten telefonieren.
9 Ich werde den/diesen Herrn später anrufen.

Übung 6
1 Kollegen, Herrn
2 Löwen
3 Herrn
4 Namen
5 Kunden, Praktikanten
6 Gedanken
7 Nachbarn
8 Buchstaben

Übung 7
1 Weil mein Auto kaputt ist.
2 Weil ich keine Telefonnummer habe.
3 Weil alle besetzt waren.
4 Weil ich keine Zeit hatte.
5 Weil die Ware nicht mehr vorrätig ist.
6 Weil wir Produktionsprobleme haben.
7 Weil ich hier zu tun habe.

Übung 8
1 Die Firma liefert nicht, weil sie Konkurs gemacht hat.
2 Die Rechnung wird nicht bezahlt, denn die Summe stimmt nicht.
3 Der Versand klappt nicht, da der Computer ausgefallen ist.
4 Die Kisten können nicht mehr benutzt werden, denn das Material ist nicht mehr in Ordnung.
5 Der Kunde ist verärgert, weil die Ware nicht pünktlich gekommen ist.
6 Frau Panadero ärgert sich, denn sie hat die falsche Bestellnummer angegeben.
7 Herr Möllemann entschuldigt sich, weil er unfreundlich gewesen ist.
8 Die Firma widerruft ihre Bestellung, da sie noch Handschuhe auf Lager hat.
9 Herr Yoshikawa telefoniert mit der Firma Thompson, weil er noch eine Frage zur Rechnung hat.
10 Man muss vorsichtig mit dem Paket umgehen, denn die Waren sind aus Glas.

Übung 9
1 Die Firma hat Konkurs gemacht, deshalb liefert sie nicht.
2 Die Summe stimmt nicht, deswegen wird die Rechnung nicht bezahlt.
3 Der Computer ist ausgefallen, deswegen klappt der Versand nicht.
4 Das Material ist nicht mehr in Ordnung, deshalb können die Kisten nicht mehr benutzt werden.
5 Die Ware ist nicht pünktlich gekommen, darum ist der Kunde verärgert.
6 Frau Panadero hat die falsche Bestellnummer angegeben, deshalb ärgert sie sich.
7 Herr Möllemann ist unfreundlich gewesen, darum entschuldigt er sich.
8 Die Firma hat noch Handschuhe auf Lager, deswegen widerruft sie ihre Bestellung.
9 Herr Yoshikawa hat noch eine Frage zur Rechnung, darum telefoniert er mit der Firma Thompson.
10 Die Waren sind aus Glas, deshalb muss man vorsichtig mit dem Paket umgehen.

Übung 10
1 950 000 DM
2 Die Klimaanlage für jeden Bus.
3 Mrs. Drew, weil es so im Vertrag steht.
4 Er entschuldigt sich.
5 Oktober
6 September
7 Durch einen längeren Streik in der Metallindustrie ist die Produktion in Rückstand geraten.
8 Das Wort voraussichtlich.
9 Weil er gerade erst aus dem Urlaub zurück ist.
10 Er verspricht den Oktober als Liefertermin. Er will sich persönlich um die Sache kümmern.

Übung 11
1 … nachdem ich Ihre Rechnung bekommen habe.
2 Nun, es handelt sich um / es geht um den Kaufpreis.
3 Wir kommen sonst in große Schwierigkeiten.

Kapitel 9

Übung 1
1f, 2e, 3d, 4b, 5a, 6c

Übung 2
erhalten, angekommen, Allerdings, stimmt ..., genannte, tatsächlichen, ... überein, deshalb, Rechnungsbetrag, abgezogen, Verrechnungsscheck, geht ... heraus

Übung 3
1 Die Hannover-Messe wird morgen eröffnet.
2 Auf der SYSTEMS werden die neuesten Produkte vorgestellt.
3 Sie sind umgehend über unsere Neuentwicklung informiert worden.
4 Bei uns werden die Konferenzen sorgfältig vorbereitet.
5 Unsere Kunden werden persönlich angesprochen.
6 Die Waren werden sorgfältig verpackt.
7 Ihnen wird ein Scheck zugesandt.
8 Der Rechnungsbetrag wird auf Ihr Konto überwiesen.
9 Die Rechung ist heute per Überweisung bezahlt worden.
10 Uns ist zu viel berechnet worden.

Übung 4
1 Der Kundendienst repariert morgen den Kopierer.
2 Wir führen die Bestellung so schnell wie möglich aus.
3 Bei Bezahlung innerhalb von zwei Wochen ziehen wir 2% Skonto ab.
4 Wir berücksichtigen Ihre Sonderwünsche.
5 Man hat ihm gekündigt.

Übung 5
1 Unsere Bestellung vom 18. 5. muss leider widerrufen werden.
2 Ihr Auftrag kann nicht ausgeführt werden.
3 An der Lösung muss weitergearbeitet werden.
4 Der Vertrag muss unbedingt eingehalten werden.
5 Der Zahlungseingang konnte nicht bestätigt werden.
6 Die Abteilung muss endlich umstrukturiert werden.
7 Der Termin kann nicht weiter hinausgeschoben werden.
8 Mit den neuen Geräten kann schon gearbeitet werden.
9 Hier darf nicht geraucht werden.
10 Diese Waren müssen unbedingt bestellt werden.

Übung 6
1 Dieser Politiker kann nicht bestochen werden.
2 Seine Idee kann nicht realisiert werden.
3 Die anfallenden Kosten können nicht kalkuliert werden.
4 Der neue Plan kann auf jeden Fall durchgeführt werden.
5 Der Fehler konnte auf den ersten Blick nicht erkannt werden.

Übung 7
1 entzündbare
2 erreichbar
3 zerbrechliches
4 zahlbar
5 vergleichbar
6 unterschiedlich
7 unverkäuflich
8 dankbar
9 erkennbaren

Übung 8
1 Mit der Buchhaltung.
2 EA 23 34 56
3 12 – 65 95 42
4 Auf der Rechnung werden Fitness-Handschuhe berechnet, die nicht geliefert worden sind.
5 Vom 20. November.
6 Nein.
7 Weil die Stornierung der Bestellung von Fitness-Handschuhen erst dann bei der Buchhaltung eingetroffen ist, als die Rechnung schon abgeschickt war.
8 Bei Erhalt der neuen Rechnung.

Kapitel 10

Übung 1
1c, 2i, 3h, 4f, 5a, 6e, 7g, 8j, 9b, 10d

Übung 2
Nachfrist, einhalten, Verzögerung, Erdbeben, Lieferant, befindet, Bedarf, höherer, bedauern, Schaden, Forderung, Schadenersatz, geklärt, Bescheid, versichern, Fertigstellung, beschleunigen

Übung 3
Sehr geehrter Herr Vorderhuber,
am 19.4.19.. haben wir bei Ihnen eine Druckmaschine vom Typ 3022 WX bestellt. In unserem Auftrag haben wir ausdrücklich darauf hingewiesen, dass wir die Anlage bis spätestens 30. 6. 19.. benötigen. Sie haben uns diesen Termin am 28. 4. 19.. auch bestätigt. Die Lieferung ist aber immer noch nicht bei uns eingetroffen.
Dieser Liefertermin war für uns deswegen so wichtig, weil die alte Druckmaschine nur noch mit halber Kapazität arbeitet. Eine Überholung der Anlage oder eine Reparatur ist nicht mehr möglich, weil für diesen Typ keine Ersatzteile mehr hergestellt werden. Da wir gegenüber zahlreichen Kunden vertragliche Verpflichtungen haben, sind wir bereits in große Schwierigkeiten geraten.
Auf eine Mahnung vom 1.7.19.. haben Sie nicht reagiert. Deshalb setzen wir Ihnen hiermit eine Nachfrist bis zum 31. 8. 19.. Sollten Sie bis dahin nicht liefern, werden wir einen anderen Hersteller beauftragen. Für eventuelle Mehrkosten und den bis dahin entstandenen Schaden werden wir Sie haftbar machen.
Mit freundlichen Grüßen

Übung 4

1 Schön, dass er heute kommt.
2 Schade, dass sie geschlossen ist.
3 Zu dumm, dass ich ihn verpasst habe.
4 Schön, dass sie sie heute noch abschickt.
5 Zu dumm, dass Sie ihn nicht erreicht haben.
6 Gut, dass sie ihn noch heute überweist.
7 Gut, dass Sie sie extra markiert haben.
8 Gut, dass sie ihn informiert hat.
9 Schade, dass es nicht mehr gilt.

Übung 5

1 Die Firma verlässt sich darauf, dass wir noch in diesem Monat liefern.
2 Der Kollege erinnert sich daran, dass der Kunde morgen früh vorbeikommen will.
3 Frau Frische versucht mich mit der Buchhaltung zu verbinden.
4 Wir möchten Sie bitten das Akkreditiv um einen Monat zu verlängern.
5 Es ist uns nicht möglich Ihnen eine längere Frist einzuräumen.
6 Es ist schwierig einen Bankdirektor zu überzeugen.
7 Frau Panadero weiß, dass sie den Chef informieren muss.
8 Es freut uns Ihnen mitteilen zu können, dass unser neues Produkt auf dem Markt ist.
9 Wir haben Sie ausdrücklich darauf hingewiesen, dass unsere Produktionsabteilung die Lieferung Ende des Monats benötigt.

Übung 6

1 Wir werden Schadenersatz geltend machen.
2 Wir werden alles tun, um die Fertigung zu beschleunigen.
3 Wir werden Sie haftbar machen.
4 Unsere Firma wird auf einen anderen Lieferanten zurückgreifen.
5 Wir werden den Termin einhalten.
6 Ich werde die Geschäftsleitung informieren.
7 Wir werden Ihnen so bald wie möglich Bescheid geben.
8 Ich werde Sie sofort informieren.
9 Der Prokurist wird den Vertrag unterschreiben.

Übung 7

1 Er wird wohl heute noch kommen.
2 Sie wird das Fax vermutlich schon losgeschickt haben.
3 Die Firma wird vielleicht Terminschwierigkeiten haben.
4 Der Filialleiter wird wahrscheinlich auch zur Konferenz kommen.
5 Sein Flugzeug wird wohl schon gelandet sein.
6 Der Betriebsrat wird zu diesem Problem wahrscheinlich ausführlich Stellung nehmen.
7 Der Abteilungsleiter wird unsere Unterlagen vermutlich schon bekommen haben.
8 Er wird den Vertrag wohl schon unterschrieben haben.
9 Die Firmenleitung wird sich wahrscheinlich an die Vereinbarung halten.
10 Sie werden wohl eine Vereinbarung treffen.

Übung 8

1 Allkauf GmbH
2 Aufgrund von Überschwemmungen steht die Firma Santini unter Wasser.
3 Weil eine pünktliche Lieferung der bestellten Waren nicht möglich ist.
4 Die Lager.
5 Höhere Gewalt.
6 In circa zwei bis drei Wochen.
7 Wegen der kurzen Frist.
8 Frau Benedetti wird Herrn Jonas in der nächsten Woche wieder anrufen.
9 Er möchte beim nächsten Telefongespräch über einen Preisnachlass reden.

Übung 9

freie Übung

Kapitel 11

Übung 1

1b, 2f, 3a, 4d, 5c, 6e, 7g

Übung 2

leid, allerdings, hinweisen, Garantiezeit, abgelaufen, Obwohl, vorbeizuschicken, festgestellten, Mängel, erforderlichen, Kosten, Regelung

Übung 3

1 Wir möchten wissen, warum die Sakkos kleine Webfehler haben.
2 Ich möchte wissen, ob Sie uns einen Preisnachlass von 10% geben können.
3 Bitte teilen Sie uns mit, ob Sie mit dem Vorschlag einverstanden sind.
4 Wir möchten wissen, wo wir die Ware in Empfang nehmen können.
5 Bitte sagen Sie uns, wie hoch die Mehrwertsteuer auf diese Waren ist.
6 Bitte teilen Sie uns mit, wann Sie Ihren Auftrag bestätigen.
7 Wir möchten wissen, ob Sie die Lieferung an die neue Adresse schicken.
8 Ich möchte wissen, ob Sie der Firma schon ein Fax geschickt haben.
9 Teilen Sie uns bitte mit, warum Sie die Bestellung rückgängig gemacht haben.
10 Ich möchte wissen, mit wem in der Firma Sie gesprochen haben.

11 Ich weiß nicht, ob die Lieferung noch in dieser Woche kommt.
12 Ich sehe mal nach, in welcher Farbe wir die Hemden bestellt haben.
13 Ich weiß nicht, ob wir die Reparaturen auf unsere Kosten ausführen.
14 Sehen Sie doch bitte mal nach, ob die Garantiezeit schon abgelaufen ist.
15 Fragen Sie doch bitte nach, welche Lieferfrist die Firma hat.

Übung 4

1 Der Kopierer funktioniert nicht, obwohl er schon oft repariert wurde.
Der Kopierer wurde schon oft repariert, trotzdem funktioniert er nicht.
2 Die Firma hält den Liefertermin ein, obwohl der Streik sie in Schwierigkeiten gebracht hat.
Der Streik hat die Firma in Schwierigkeiten gebracht, trotzdem hält sie den Liefertermin ein.
3 Obwohl die Garantiezeit abgelaufen ist, nehmen wir die beanstandeten Exemplare zurück.
Die Garantiezeit ist abgelaufen, trotzdem nehmen wir die beanstandeten Exemplare zurück.
4 Obwohl die Firma nicht dazu verpflichtet ist, gewährt sie einen Preisnachlass.
Die Firma ist nicht dazu verpflichtet, trotzdem gewährt sie einen Preisnachlass.
5 Die Ware ist bis heute noch nicht angekommen, obwohl wir sie per Express geschickt haben.
Wir haben die Ware per Express geschickt, trotzdem ist sie bis heute noch nicht angekommen.
6 Der Betrag ist noch nicht gutgeschrieben, obwohl wir den Scheck schon vor einer Woche bei der Bank eingereicht haben.
Wir haben den Scheck schon vor einer Woche bei der Bank eingereicht, trotzdem ist der Betrag noch nicht gutgeschrieben.
7 Ihre Überweisung ist noch nicht bei uns eingegangen, obwohl Sie uns die Zahlung schon lange zugesagt haben.
Sie haben uns die Zahlung schon lange zugesagt, trotzdem ist Ihre Überweisung noch nicht bei uns eingegangen.
8 Obwohl wir hellblaue Hemden bestellt haben, haben Sie dunkelblaue Hemden geliefert.
Wir haben hellblaue Hemden bestellt, trotzdem haben Sie dunkelblaue Hemden geliefert.
9 Obwohl ich schon mehrmals bei der Firma angerufen habe, habe ich Herrn Möllemann noch nicht erreicht.
Ich habe schon mehrmals bei der Firma angerufen, trotzdem habe ich Herrn Möllemann noch nicht erreicht.
10 Er ist ein guter Mitarbeiter, obwohl er sehr wenig Geduld hat.
Er hat sehr wenig Geduld, trotzdem ist er ein guter Mitarbeiter.

Übung 5

1 Ich habe die Firma noch nicht angerufen.
2 Die Firma liefert in dieser Woche nicht mehr.
3 Der Kundendienst ist noch nicht informiert.
4 Wir haben keine Faxformulare mehr.
5 Wir haben noch keinen Vertrag unterschrieben.
6 Der Mitarbeiter kommt heute nicht mehr zurück.
7 Herr Möllemann hat noch kein Angebot abgeschickt.
8 Die Garantiezeit ist noch nicht abgelaufen.
9 Der Vertrag kann nicht mehr rückgängig gemacht werden.
10 Er hat keine weiteren Beanstandungen mehr.

Übung 6

1 Das ist ja wirklich ärgerlich. – Natürlich, das verstehe ich.
2 Gut, dass Sie mich gleich angerufen haben.
3 Sie haben völlig recht. – Der Fehler liegt bei uns, ganz klar.
4 Gerade von uns müssen Sie erwarten können, dass alles klappt.
5 Ich möchte mich persönlich bei Ihnen entschuldigen.
6 Ich werde mich sofort darum kümmern.

Kapitel 12

Übung 1

1c, 2g, 3f, 4h, 5i, 6k, 7a, 8e, 9j, 10b, 11d

Übung 2

fällig, ausstehenden, fristgerecht, begleichen, Buchhaltung, umgestellt, angewiesen, Betrag, überweisen, für, Verzögerung, um

Übung 3

1, 10, 6, 9, 7, 2, 12, 11, 13, 3, 14, 5, 8, 4

Übung 4

1 Nachdem er ins Büro gekommen ist, zieht er seinen Mantel aus.
2 Bevor er sich an den Schreibtisch setzt, holt er sich eine Tasse Kaffee.
3 Nachdem er einen Text in den Computer eingegeben hat, druckt er ihn aus.
4 Bevor er das Fax an die Buchhaltung schickt, sucht er die Faxnummer der Abteilung heraus.
5 Während er die Nummer im Verzeichnis sucht, klingelt das Telefon.
6 Während er mit einem Kunden telefoniert, bringt sein Kollege das Antwortfax.
7 Nachdem er die Antwort gelesen hat, telefoniert er mit der Hausbank seiner Firma.
8 Bevor die Bank die Auskunft erteilt, kontrolliert sie den Anrufer.

9 Nachdem der Anrufer das Kodewort genannt hat, bekommt er die gewünschte Information.
10 Bevor die Firma rechtliche Schritte einleitet, spricht sie mit ihrem Rechtsanwalt.

Übung 5

1 Bevor sie zum dritten Mal mahnt, ruft die Assistentin den Kunden an.
2 Während sie telefoniert, kommt die aktuelle Post.
3 Bevor sie die Mahnung an die Rechtsabteilung weiterleitet, informiert sie den Kunden.
4 Nachdem sie telefoniert hat, druckt sie den Kontoauszug aus.
5 Bevor sie die wichtigsten Punkte mit dem Abteilungsleiter bespricht, muss sie das Marketing-Meeting organisieren.
6 Nachdem sie das Meeting organisiert hat, bestellt sie sofort die Flugtickets.
7 Nachdem die Konferenz beendet ist (zu Ende ist), ruft sie Taxis für die Teilnehmer.
8 Während sie arbeitet, denkt sie oft an ihren Urlaub.
9 Bevor sie abreist, will sie noch die Korrespondenz erledigen.

Übung 6

1 Es dauert sicher noch länger, bis der Kunde anruft.
2 Es kann länger dauern, bis die Banküberweisung eintrifft.
3 Wir warten, bis wir neue Informationen von der Messe bekommen.
4 Nicht alle Teilnehmer bleiben, bis die Konferenz zu Ende ist.
5 Es wird noch etwas dauern, bis der Kopierer repariert ist.

Übung 7

1e, 2a, 3f, 4b, 5c, 6d

Übung 8

1 DM 95 000,–
2 Sie will einen Scheck ausstellen und ihn der Firma Earthwind per Boten zuschicken.
3 Das geht am schnellsten.
4 SA 93 S 01430
5 Die Firma Sautner hatte Probleme mit der EDV.
6 Um die unmittelbar bevorstehende Zahlung des Betrags per Scheck anzukündigen.

Kapitel 13

Übung 1

1d, 2b, 3j, 4a, 5f, 6k, 7h, 8e, 9i, 10g, 11c

Übung 2

siehe Wechselformular

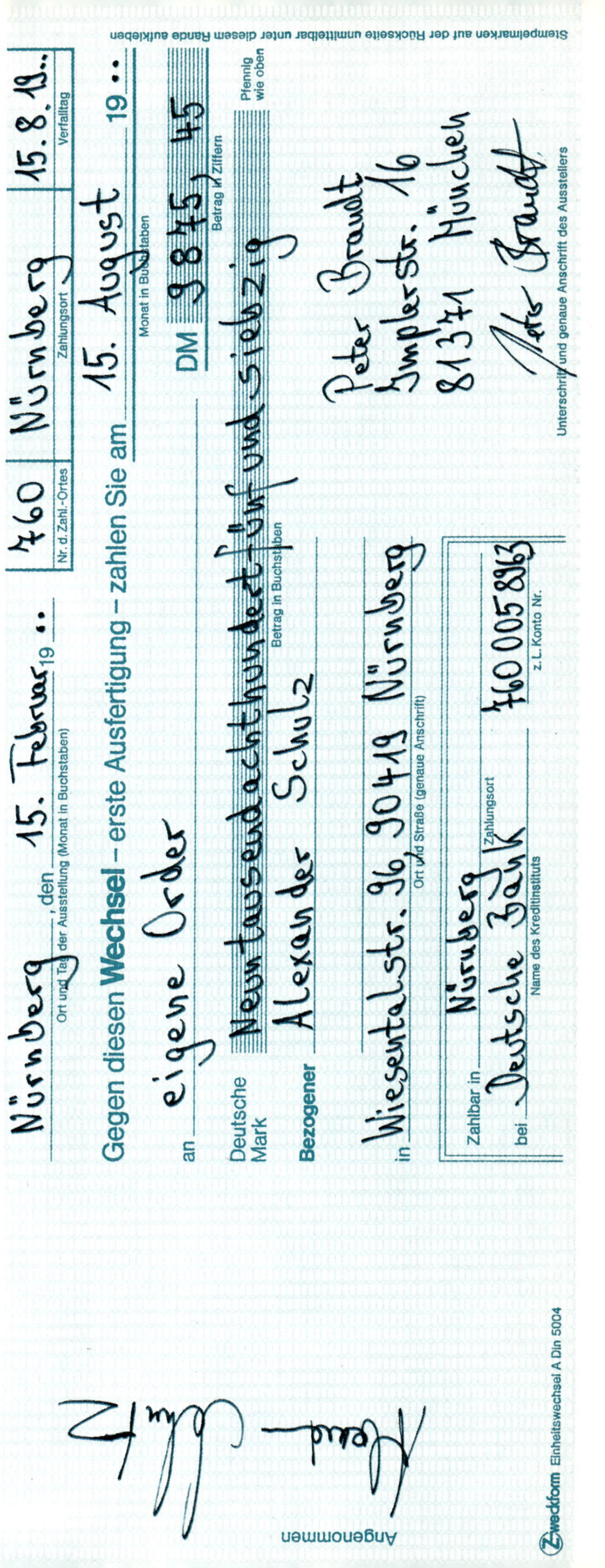

Übung 3

1 höher **2** früher **3** besser **4** niedriger
5 schneller **6** besser **7** moderner
8 schöner/attraktiver **9** heller **10** mehr

Übung 4

verschönern, verbessern, verkürzen, modernisieren

Übung 5

1 besseres **2** neuesten, besten **3** günstigeren
4 effektivere, kundenorientierter **5** schnelleren, meisten **6** zuverlässigsten, niedrigere **7** höhere, professioneller

Übung 6

1 Die Produkte sind preisgünstiger als im letzten Jahr.
2 Die Maschine funktioniert besser als das alte Modell.
3 Unsere Angebote sind attraktiver als die Angebote der Konkurrenz.
4 Er arbeitet jeden Tag länger als sein Kollege.
5 Die Investitionen sind höher als vor zwei Jahren.

Übung 7

1 Je stabiler der Wechselkurs der Währungen ist, desto exakter können die Unternehmen kalkulieren.
2 Je länger die Geschäftsbeziehung besteht, desto ausgeprägter ist das Vertrauensverhältnis zwischen den Geschäftspartnern.
3 Je früher die Firma den Gläubiger über ihre Zahlungsschwierigkeiten informiert, desto kreditwürdiger bleibt sie.
4 Je qualifizierter die Mitarbeiter sind, desto besser ist die internationale Wettbewerbsfähigkeit.
5 Je klarer und deutlicher die Vorteile des Produkts dargestellt sind, desto attraktiver wird das Angebot für den Kunden.
6 Je motivierter die Kollegen sind, desto lieber machen sie ihre Arbeit.
7 Je sorgfältiger der Kundendienst arbeitet, desto zufriedener sind die Kunden.
8 Je persönlicher und direkter Sie den Kunden ansprechen, desto positiver wird er reagieren.
9 Je konzentrierter und aufmerksamer Sie zuhören, desto ausführlicher wird der Kunde seine Wünsche formulieren.
10 Je flexibler die Mitarbeiter sind, desto intelligenter werden die Probleme gelöst.

Übung 8

1f, 2r, 3r, 4f, 5r, 6f

Übung 9

1 Am 15.6.
2 Weil die Firma Bertele mit Alfani bisher gute Geschäfte gemacht hat.
3 Den Verlängerungswechsel mit Akzept.

Kapitel 14

Übung 1

1d, 2e, 3b, 4f, 5a, 6g, 7c

Übung 2

in Höhe von, fällig, gesamten, Unwetter, vernichtet, schlage ... vor, Anfangsbetrag, überweise, Abschlagszahlungen, ersten Werktag, Vorschlag, akzeptieren, einverstanden

Übung 3

Sehr geehrte Frau Klein,
es tut uns sehr leid, dass Ihr Kaufhaus abgebrannt ist. Zum Glück ist der Schaden ja durch die Versicherung gedeckt, so dass Sie bald wieder zahlungsfähig sein werden. Bis zu diesem Zeitpunkt helfen wir Ihnen gerne mit einer Stundung unserer Rechnung. Ich denke, dass eine Verschiebung um drei Monate für beide Seiten akzeptabel ist. Der neue Fälligkeitstag ist dann also der 15.2.
Mit freundlichen Grüßen

Übung 4

1 der **2** die **3** das **4** der **5** denen **6** den
7 die **8** die **9** denen **10** dem

Übung 5

1 Den asiatischen Markt, über den Sie sich informieren wollen, kennen wir seit langem sehr genau.
2 Unsere Firma ist ein Großhandelsunternehmen, das schon seit 12 Jahren besteht.
3 Oft werden die Aufträge, um die Weltfirmen konkurrieren, nach politischen Kriterien vergeben.
4 Unser Beratungsingenieur, der im September in Taiwan ist, könnte mit Ihnen einen Termin vereinbaren.
5 Der Interessent, dem wir gestern per Fax unsere Termine zugeschickt haben, ist Marktführer in Taiwan.
6 Soviel wir wissen, ist das Unternehmen, mit dem Sie Geschäftsbeziehungen aufnehmen wollen, kreditwürdig.
7 Wir verkaufen moderne Telefonanlagen, die den höchsten Ansprüchen genügen.
8 Unsere Schnurlostelefone, mit denen Ihr Service-Team jederzeit erreichbar ist, machen den Kundendienst mobil.
9 Der Betrag, den wir leider nicht vollständig begleichen können, ist in vier Wochen fällig.
10 Aus der schwierigen Lage helfen uns die Zahlungen, die wir im nächsten Monat erwarten.

Übung 6

1 an denen **2** denen **3** dem **4** denen
5 mit dem **6** den **7** um den **8** an denen
9 für das **10** auf die

Übung 7
1 Frau Gans.
2 Draußen beim Vieh.
3 Der Hagel.
4 Das ganze Getreide.
5 Um fast 100 000 Mark.
6 2% auf den noch offenen Betrag.
7 Wenn er von der Versicherung das Geld bekommen hat.
8 Dass die Versicherung nicht zahlt.
9 Nein, er will eine schriftliche Vereinbarung mit Unterschrift von Herrn Gans.

Kapitel 15

Übung 1
1c, 2f, 3g, 4a, 5j, 6e, 7i, 8d, 9b, 10h

Übung 2
über, Auskunft, seit, reibungslos, allerdings, Zahlungsverpflichtungen, Verzögerungen, nachgekommen, vermute, Marktentwicklung, eingeschätzt, zu, expandiert, behandeln, vertraulich

Übung 3
1 Das Unternehmen, dessen Kreditwürdigkeit geprüft wird, ist mit seinen Produkten international präsent.
2 Der Werbemanager, mit dessen Ideen die Firmenleitung rechnet, hat eine neue Marketingstrategie entwickelt.
3 Die jugendlichen Kunden, an deren Bedürfnissen die Firma die Produkte orientieren will, werden ausführlich befragt.
4 Eine Marktstudie wird bei einem Marktforschungsinstitut, dessen Name nicht genannt werden soll, in Auftrag gegeben.
5 Die Untersuchung, deren Ergebnis für niemanden überraschend ist, wird in der Fachpresse veröffentlicht.
6 Die Geräte, an deren Design noch gearbeitet wird, müssen leicht programmierbar sein.
7 Die Gebrauchsanleitung, deren Terminologie für jeden verständlich sein müsste, ist zu kompliziert geschrieben.
8 Fachwortschatz, dessen Bedeutung nur Spezialisten verstehen, sollte man nicht benutzen.
9 Die Produktionsphase der Funktelefone, deren Leistung überzeugend sein muss, wird jetzt geplant.
10 Das Logo der Firma, über deren Werbekampagne in der Öffentlichkeit diskutiert wird, ist international bekannt.

Übung 4
1 Dieses Schnellrestaurant, in dem/wo sich vor allem junge Leute treffen, ist besonders beliebt.
2 Die Standorte, an denen/wo eine Filiale eröffnet wird, werden nach bestimmten Kriterien ausgewählt.
3 Peking, wo wir demnächst eine Filiale eröffnen, hat mehr als acht Millionen Einwohner.
4 Fast jede Stadt, in der/wo es viele Jugendliche mit etwas Geld gibt, ist ein guter Standort.
5 Das Restaurant, in dem/wo sich die Jugend der Stadt trifft, hat eine kühle und moderne Atmosphäre.
6 Manchmal liegen Pop- und Musikzeitschriften aus, in denen man lesen kann.
7 Auch die Jugend in Osteuropa, wo es schon Filialen gibt, isst jetzt Hamburger.
8 Die Währung, in die das Unternehmen seine Gewinne transferiert, ist stabil.

Übung 5
1 worauf 2 womit 3 wovon 4 was 5 woran 6 wofür

Übung 6
1 In Magdeburg.
2 Es handelt sich um ein größeres Projekt.
3 Peter Groß kommt aus Magdeburg und kennt die Verhältnisse dort.
4 Bei einer Kreditauskunft anzufragen.
5 Über konkrete Zahlen und Preise.
6 Peter Groß zahlt pünktlich und ist seriös, hat fünf Lokale in den neuen Bundesländern und gilt als der bedeutendste Gastronom.
7 Einen Auftrag als Gegenleistung.
8 Sie reden sich zwar mit Sie, aber mit dem Vornamen an, lachen und scherzen miteinander.